Geschrieben von Dr. h.c. Richard Ludwig

Vorwort

Dieses Buch ist nur deshalb entstanden, weil ich nach dem Tod meiner über alles geliebten Frau Amnna zu Erkenntnissen kam, die ich vorher bei mir nie bemerkt hatte, die mich selbst überaschten und die mir zeigten, zu wie-viel Aufopferung, Hingabe, Hilfsbereitschaft ja bis zum Verzicht auf das eigene Ich, verbunden mit dem gefühlten Leidensweg von Anna, ich fähig war.

Eine Erkenntnis die wachrüttelte und die mich an meinem bisherigen Leben zweifeln ließ.

Es entstanden Gedanken, denen ich zunächst nicht folgen konnte, für die ich tagsüber und sogar nachts eine Antwort suchte und denen ich mit Hilfe von neueren Forschungsergebnissen auf den Grund gehen wollte.

Es ließ mir einfach keine Ruhe heraus zu finden, was mit der Seele von meiner geliebten Frau Anna geschehen war.

In den letzten vierzehn Tagen vor ihrem Tod sprach sie kein einziges Wort mehr, aber an ihrem Todestag, den 24.07.2016, sagte sie zu mir als ich morgens an ihr Krankenbett trat, „Schön dass du kommst".

Was war das auf einmal?

War das schon der Abschied?

Man sagt ja, dass der Mensch, wenn er die irdischen Gefilde verlässt, diesen für ihn endgültigen

Augenblick erkennt und auch dieses seinen Mitmenschen durch Gesten oder auch andere Ausdrucksformen zeigen kann und auch zeigen will.

Nachdem ich Anna dann mit dem Rollstuhl in´s Bad gefahren hatte und ihre nassen Sachen, sie war ja komplett Inkontinent und wurde schon fast zweieinhalb Jahre von mir zu Hause betreut, gepflegt und versorgt, schnell in die Mülltüte werfen wollte, rief sie nach mir „Richard".

Das war das letztes Wort in ihrem Leben „Richard", danach brach sie in meinen Armen tot zusammen.

Entsetzen, maßlose Traurigkeit verbunden mit einem übergroßen Schock überfiel mich, aber ich hatte plötzlich ein eigenartiges Gefühl.

Nach ihrem letzten Atemzug glaubte ich eine Erleichterung bei ihr erkannt zu haben.

War sie glücklich gestorben, hatte sich ihre Seele schon einen neuen Platz auserkoren, möglicherweise in mir oder war ihr Körper noch auf dem Weg in`s Nirvana?

Ich wusste es nicht und das ist auch der Grund warum ich möglichst viel und wenn es geht, alles über die Seele, die Seelenwanderung und gibt es überhaupt eine Seele, heraus finden möchte.

Wenn man sich nämlich mit diesem Thema beschäftigt, wenn man anfängt genau zu recherchieren und wenn man die wissenschaftlichen Erkenntnisse zusammenfasst, wird man von einer mächtigen Unruhe überrollt, die einen dann an seinem bisherigen Leben und der damit verbundenen Lebenseinstellung ethisch und moralisch zweifeln lässt.

Mit diesem Buch möchte ich einfach nur ein wenig mehr Licht in das Dunkel unserer Seele, in deren Wanderung und dem eventuell möglichen Leben nach dem Tod bringen, damit durch diese Erkenntnisse neue Lebensziele, ob gewollt oder ungewollt angesteuert werden können.

Denn die Veränderungen in einem selbst, die durch Extremsituationen, plötzliche Ängste, Schockmomente, Trauer, Glück oder Tod in die eigene Gefühlswelt eindringen, spürt man tatsächlich und überwältigt einen mit Unsicherheit, Hilflosigkeit und dem aufkommenden Wunsch, hierüber eine Klarheit zu erlangen.

Mit Hilfe des Glaubens, der menschlichen Rituale und der für den Menschen wichtigen Vorbildfunktionen ist ein Eindringen in die geistige und seelische Verfassung unserer Entwicklung und deren Fortsetzung ein imaginäres Ziel.

Möge der Leser seine eigenen Schlüsse daraus ziehen und vielleicht eine neue philosophische Grundeinstellung für sein Leben erkennen, oder sogar finden.

R.L

Kapitel

Das Leben nach dem Tod

1.) Die eigenen Gefühle

Um über die letzten Jahre meiner völlig anderen Gefühlswelt berichten zu können, muss ich um die Veränderung und die damit verbundene Entwicklung verständlich machen zu können, fast bis in die eigene Jugendzeit zurückblicken.

Da ich im Jahr 1941 geboren bin, war das Heranwachsen in der Nachkriegszeit ja nicht ganz so einfach.

Unsere Mutter, ich hatte noch einen Bruder und später noch eine Schwester, war verständlicherweise mit all den Schwierigkeiten, die so ein Tagesablauf in der Kriegszeit und später in der Nachkriegszeit mit sich brachte, am Rande ihrer Leistungsfähigkeit.

Sie ging tagsüber arbeiten, machte abends den Haushalt und sorgte für uns so gut es ging.

Das hatte aber zur Folge, dass wir als Kinder auf uns alleine gestellt waren und weil sich alles auf der Straße abspielte, zwangsläufig die unbarmherzige Härte des Nachkriegslebens mit all seinen Begleiterscheinungen mitbekamen.

Das Straßenleben in der Nachkriegszeit bedeutete Kampf und Profilierung.

Es gab zwischen den Gangs Straßenschlachten wo selbst mit Fahrradketten aufeinander eingeschlagen wurde und man befand sich fast jeden Tag mit einem Bein auf irgend einem Polizeirevier.

Hier war mit Zurückhaltung oder sogar Zuneigung nichts zu machen, hier zählte nur die Stärke und die kriminelle Energie, hier war ein brutales und rücksichtsloses Verhalten um in der Gruppe anerkannt zu werden, Pflicht.

Hier baute sich schon alleine durch das Umfeld und die damals ausgesprochen harten Gegebenheiten eine Gefühlswelt in einem auf, die man eigentlich nicht sein Eigen nennen konnte.

Eine Gefühlswelt und eine Charaktereigenschaft, die mit den von den Eltern übertragenen Genen nichts zu tun hatte.

Selbst in der Schule gab es für diese Charaktereigenschaften keine Auszeit.

Josef Dziuba konnte mich und ich konnte ihn zum Teufel nochmal nicht ausstehen.

Jeden Tag nach Ende des Schulunterrichts flogen die Ranzen auf die Straße und es ging grundlos mit allen zur Verfügung stehenden Mitteln aufeinander los.

Wenn bei dieser Keilerei bei mir irgend etwas kaputt ging, war es sicher wie das Amen in der Kirche, dass es zu Hause von Mutter noch einmal eine Abreibung gab.

Und Mutter konnte auch gut austeilen, was blieb ihr denn auch anderes übrig.

So war das nun mal in den fünfziger, sechziger Jahren nach dem Krieg und hieraus sollte sich nun eine Gesellschaft entwickeln, die tolerant, aufeinander zugehend, rücksichtsvoll, friedfertig und vor allen Dingen demokratisch sein sollte.

Nun war aber die Zeit auf Aufbau gerichtet.

Konrad Adenauer, der Oberbürgermeister von Köln holte die Kriegsgefangenen aus Russland zurück und Ludwig Erhard brachte uns das Wirtschaftswunder.

Es gab also auch für die ältere Generation eine erfreuliche Entwicklung, die aber uns Straßenkinder allerdings nur wenig interessierte.

Leider stellte sich bei der weiteren persönlichen Entwicklung heraus, dass man später auch im Berufsleben nur weiter kam, wenn man bereit war, andere rücksichtslos an die Wand zu drängen.

Nun war man natürlich jung, energiegeladen und besonders strebsam und wollte unbedingt nach Beendigung des Krieges in der Neu- und Aufbauphase etwas erreichen.

Da war kein Platz für Gefühlsduselei und auch kein Platz für Nächstenliebe.

Hier blieben wieder die eventuell vorhandenen guten Charaktereigenschaften einfach auf der Strecke.

Es war hart und blieb hart, aber so wie ich es in mir später verspürte, offenbar nur äußerlich.

Denn das eigene Gefühl zum Guten, war zu der Zeit noch in mir verschüttet, konnte oder sollte offenbar noch nicht ans Tageslicht kommen.

Selbst in meiner ersten Ehe, die immerhin dreiundzwanzig Jahre hielt und wegen Kinderlosigkeit zerbrach, blieb meine Gefühlswelt unverändert und es gab auch kaum eine Gelegenheit mich irgend jemandem gegenüber zu offenbaren oder zu öffnen. Im Gegenteil.

Wenn es um besondere Schwierigkeiten ging, privat oder später beruflich, zog ich mich in mein Seelenheil zurück und suchte immer direkt nach einer Entsche-dung.

Mir schien das die beste Lösung zu sein.

Aber war es das wirklich?

War Freundschaft oder Anerkennung, ja sogar Liebe nicht die bessere Zielsetzung und war dieses angenehme Lebensgefühl nicht erstrebenswerter, als die oft feindschaftliche Gesinnung allem und besonders allem Neuen gegenüber?

Wenn man jung ist und sich im Aufbau befindet, hat man nicht die Zeit und auch nicht die Lust über solche Dinge nachzudenken.

Das Nachdenken beginnt erst dann, wenn sich Här-tefälle einstellen, die zwangsläufig die eigene Ge-fühlswelt mit rücksichtslosen oder mitleidvollen Überlegungen komplett in Anspruch nahm.

In solchen Momenten ist man selbst überrascht, dass so etwas in einem irgendwann Platz gefunden hat.

Ist es möglicherweise der Geist oder sogar die Seele, die in solchen Augenblicken das Zepter in die Hand nimmt?

Ich wusste es damals nicht und ich wollte mich damit auch weiterhin nicht in der allgemeinen

Ruhelosigkeit beschäftigen.

Erst später erfuhr ich, dass man auch als Mann Gefühle hat und sich auch nicht schämen muss, wenn man sie zeigt.

Wir sind aber so nun einmal nicht erzogen worden, denn zunächst einmal galt nur die Fähigkeit zu überleben.

Unsere Mutter brachte uns natürlich Anstand, Ethik und Moral bei, soweit es in der damaligen Zeit überhaupt möglich war.

Sie kam aus einem guten Elternhaus und wollte uns selbstverständlich die notwendigen Voraussetzungen die durch das Elternhaus vermittelt werden konnten unbedingt mitgeben und beibringen.

Die Kriegszeit und die Nachkriegszeit waren ja für eine solche Grundorientierung überhaupt nicht geeignet.

Das Leben ging in der gewohnten Form weiter, wir wurden älter, die Entwicklung nahm ihren Lauf und das Schicksal oder wie man es nennen mag, brachte uns nach der auf uns zugeschnittenen Verhältnismäßigkeit auf den richtigen Weg.

Man muss allerdings auch wissen, wir waren total ausgebombt, hatten nichts und waren nichts, fingen unter ärmlichen Verhältnissen von Neuem an und mussten uns täglich neu behaupten.

Um es vorweg zu nehmen, es gelang uns.

Aber in all dieser zurückliegenden Zeit konnte man sein eigenes Gefühlsleben kaum erkennen.

Welche Werte waren für einen wichtig?

In welcher Weise wäre man bereit gewesen sich für andere einzusetzen oder sogar für andere eine Hilfe zu sein.

Klar, die Familie hielt zusammen, zu meinem Bruder hatte ich ein besonderes fürsorgliches Verhältnis und Mutter opferte sich halt für uns auf, aber war das eine Charaktereigenschaft die man spüren konnte, merken konnte oder war das nur einfach eine Lebensform die eben vorhanden war aber keiner von uns erklären konnte.

Zu wie viel wäre man bereit gewesen um das alles zu festigen und zu erhalten.

Was wären das für Erkenntnisse gewesen, die einen zufriedener, glücklicher oder auch gelassener gemacht hätten, ohne die durch das tägliche Leben aufgesogene eigene Erfahrung.

Vermutlich nicht viel, denn die Sicherheit und die Beständigkeit die man brauchte, um den waren Sinn des Lebens zu finden, fehlte ja, musste sich entwickeln, in einem selbst aufgebaut und zielsicher Stück für Stück durch Akribie und wenn es sein musste, auch durch eine erlaubte und damit zugelassene Anleitung erkundet und wissbegierig aufgenommen werden.

Selbstverständlich hatte man sehr schnell begriffen, dass man sein Leben natürlich selbst gestalten und mit Durchsetzungskraft und einer gewissen Portion Rücksichtslosigkeit auch notwendigerweise selbst gestalten muss.

Viel Hilfe hatte man ja nicht.

Die Gesetzgebung war die Straße und hier wurde über gut oder böse entschieden.

Gefühle durfte und konnte man hier nicht zeigen.

Man musste schon selbst wissen, wann man über seinen eigenen Schatten springen musste um sein eigenes Ich zu entdecken und das eigene Potential wahrhaftig zu entfalten, also eine Welt der Entdeckungen aber keine Welt der Gefühle..

Trotzdem aber gab es damals einen wichtigen Halt für uns alle und besonders für die Familie.

Es war der von der Familie praktizierte Glaube und die Zugehörigkeit zur römisch-katholischen Kirche.

2.) Der anerzogene Glaube

Man kommt als Kind von ixbeliebigen Eltern ohne Einfluss nehmen zu können und ohne Willenserklärung auf die Welt.

Man wird geboren, ist mit Leib und Seele plötzlich als neuer Erdenbürger da und damit ist die Entscheidung ob aus diesem neuen Leben etwas wird, ob man überlebensfähig ist, ob man Entwicklungschancen hat und ob man heranwachsen und zu einem leistungsfähigen guten Menschen werden kann, schon längst gefallen.

Wo wird man geboren, von wem wird man geboren und auf welchem Teil der Erde ist man zu Hause.?

Hier entscheidet sich einfach alles.

Die Familie, Eltern, Großeltern und die Verwandten sind für das Heranwachsen, die Erziehung, die Entwicklung, die Ausbildung und den Glauben alleine verantwortlich.

Die Familientradition bestimmt die Umgangsformen, die Gefühle, die Sitten und Gebräuche und auch die Religion.

Die Landesfürsten, Könige, Kaiser oder der Staat sind für die gesellschaftliche Lebensform und die gesetzlichen Richtlinien verantwortlich.

Letztendlich aber wird das gesamte Gefüge durch den geographischen Zufall der guten oder schlechten Lage des Geburtsortes bestimmt.

Oftmals ist die Religion, in die man sozusagen hineingeboren worden ist, zwangsläufig der einzige Halt und die einzige Wahrheit.

Wer in Italien oder aber in Südamerika auf die Welt kommt, wächst mit hoher Wahrscheinlichkeit als Katholik auf.

Wer in Indien geboren wird, wird fast ausnahmslos ein Hindu oder, falls die Eltern möglicherweise aus dem Pandschab stammen, ein Sikh.

Wenn die Eltern aber zum Beispiel aus Pakistan sind, wird der neue Erdenbürger in den meisten Fällen zum Muslim.

Und wer in den letzten Jahrzehnten in einem sozialistischen Land geboren wurde, wird vermutlich als Atheist erzogen.

Ist also die Religion, in die man hineingeboren wurde dadurch automatisch das Glaubens- und Entwicklungspotential für den heranwachsenden Menschen?

Eindeutig, ja.

Die unterschiedlichen Glaubensrichtungen haben doch alle, oder sollten es zumindest haben, ein großes Ziel vor Augen, das menschliche Zusammenleben überhaupt erst durch Gebote und Verbote zu ermöglichen.

Denn alles Leben auf unserer Erde ist durch Gesetzgebungen, so wie wir Menschen es nennen, oder durch Natur und deren Entwicklung festgelegt und gekennzeichnet.

Ob Hinduismus, Buddhismus, Taoismus, Schintoismus, das Judentum, das Christentum oder der Islam, das alles sind göttliche Vorstellungen, die die Menschen aufschauen, huldigen, anbeten und aus dem Glauben Kraft schöpfen lässt, um mit dem Menschsein überhaupt fertig zu werden.

Aber hier taucht natürlich direkt die Frage auf, ist die Menschheit durch Evolution entstanden oder durch die Hand Gottes?

Die Erkenntnisse gingen bislang davon ab, ob ein nachdenkliches Hirn von dem Vernunftsprinzip oder von der Glaubenskraft geleitet wurde.

Die Evolutionslehre, zurückgehend auf Charles Darwin (1809-1882) ist eine ernst zu nehmende Hypothese, die aber nur eingeschränkt gilt, denn das Walten des Zufalls bei der Entstehung der Arten ist demnach unwissenschaftlich.

Es gibt einen Schöpfungsplan und wer den leugnet betreibt Ideologie und keine anerkannte Wissenschaft, sogar das Abdanken der menschlichen Intelligenz ist hiermit verbunden.

Die Menschen müssen und wollen doch an etwas glauben, wie sonst soll Ethik, Anstand und Moral Aufrecht erhalten werden, wenn nicht durch Vererbung, Überlieferung, Erziehung und den Glauben.

Die Politik ist und war doch hier immer schon fehl am Platze und ist doch hauptsächlich nur für Unruhe, Machtgehabe, Kriege und Zerstörung zuständig.

Aber auch das ist etwas, was unverständlicherweise zum Leben und Dasein des Menschen gehört.

Hier unterscheidet sich der Mensch doch kaum von der Tierwelt, fressen und gefressen werden.

Doch die Tierwelt hat hier noch einen berechtigten ethischen Anspruch gegenüber dem Menschen.

Darum sollte man die Achtung vor dem menschlichen Glauben, wenn er denn besteht, egal in welcher Richtung für gut heißen und unterstützen.

Denn Mensch sein heißt auch eine Seele in sich zu tragen, die nach dem Ableben in die mit dem Glauben verbundene Glückseligkeit führen soll.

Ein Glaube, der zur Rettung der Menschheit bestimmt ist und der zur Erleuchtung und des seelischen Fortbestandes dienen soll.

Darum ist der Glaube die Wurzel der menschlichen Entwicklung.

Ohne Glaube würde es vermutlich die Menschen in der heutigen Form überhaupt nicht geben, denn der Glaube war immer schon der Rückhalt des menschlichen Daseins.

Denn über den Glauben kann der Mensch die Seele entdecken und über die Seele erreicht man die Unendlichkeit.

Wenn man die verschiedenen Glaubensrichtungen betrachtet, kommt man zu der Schlussfolgerung, dass alle als höchste Wesen angesehene Göttlichkeiten, egal aus welchem Kulturkreis, immer nur zum guten Miteinander der Menschen aufgerufen und beigetragen haben.

Erstaunlich ist nur, dass irgendwann, zu welcher Zeit auch immer in den unterschiedlichsten Bereichen unserer Erde und bei den verschiedensten Menschenrassen es immer wieder besonders fähige Geistesgrößen gegeben hat die nach Erleuchtung suchten und die die Menschen mit ihren Glaubensthesen beeinflusst, gelenkt oder gesteuert haben.

Durch das Beleuchten einiger Glaubensrichtungen, kann man feststellen, dass immer durch die Glaubensbekenntnisregeln und die Glaubensdogmen, das Wohl der damals lebenden Menschen und durch die Überlieferungen auch heute noch, der Gläubige Halt und Schutz in seinem Glauben gesucht und möglicherweise auch gefunden hat.

3.) Der Hinduismus

In der hinduistischen Gesellschaft ist es ein religiöser Brauch, dass man jeden Morgen als erstes in einem Fluss in der Nähe der Wohnung badet oder natürlich auch zu Hause, wenn es in der Nähe keinen Fluss oder Bach gibt.

Die Menschen glauben, dass sie dadurch heilig werden.

Dann gehen sie, noch ohne gefrühstückt zu haben, in den Tempel und bringen Blumen oder Speisen als Opfer dar.

Einige waschen ihr Götzenabbild und verschönern es mit rotem oder gelbem Puder.

Was versteht man aber nun unter Hinduismus?

Sind seine Merkmale nur die Tierverehrung, das Baden im Ganges oder das Kastenwesen oder gehört mehr dazu?

Ja, für den Hindu gehört viel mehr dazu.

Der Hindu versteht das Leben ganz anders als der westliche Mensch.

Wir sehen das Leben unter anderem als eine chronologische Reihe geschichtlicher Ereignisse an, während der Hindu das Leben als einen ewigen Kreislauf ansieht, wobei die Geschichte für den Hindu eine geringe Bedeutung hat.

Er spricht häufig von dem Glauben, als dem Sanatana Dharma, was das ewige Gesetz bedeutet und die Suche nach Gott steht auch hier mit all ihren religiös verzweigten Gruppen und Sekten im Vordergrund.

Der Hinduismus ist zwar nicht so weit verbreitet wie andere Religionen, dennoch beträgt die Zahl der Anhänger rund 900 Millionen, also 12,2 % der Erdbevölkerung.

Die Hindus glauben, dass die unsterbliche Seele

unerlässlich sei und nach der Karma-Lehre die individuelle Seele viele Reinkarnationen durchwandern muss.

Also glaubt auch der Hindu, wie ihr ehemaliger Führer Mahatma Gandhi (1869-1948) an die Existenz der Seele und lehrt, dass der Mensch eine Seele hat.

So wie die verkörperte Seele fortwährend von der Kindheit zur Jugend und von der Jugend zum Alter eines Menschen wandert, so wandert sie auch nach dem Tod auf jeden Fall wieder in den Körper eines anderen Menschen und ist trotzdem die gleiche Seele, denn sie ist keinem Wandel unterworfen.

Sie wechselt aber den Körper endgültig zum Zeitpunkt des Todes und geht in einen anderen Körper ein, den sie sich sucht und den sie auch findet.

Darum ist der Tod nach der hinduistischen Lehre auch nicht zu beklagen.

Der Tod gehört eben wie alles andere auch beim Hindu zum Leben.

Die Geburt, das Leben und der Tod ist Gesetzgebung.

4.) Der Buddhismus

Der Buddhismus war um die Jahrhundertwende außerhalb Asiens kaum bekannt.

Heute ist der Buddhismus eine Weltreligion und durch die große internationale Flüchtlingsbewegung schon längst in unserer Nachbarschaft angekommen.

Viele Asiaten haben sich in Westeuropa, Nordamerika, Australien und in anderen Teilen der Erde niedergelassen und inzwischen schon viele andersgläubige Menschen zu ihrer buddhistischen Religion bekehrt.

Es gibt ca. 300 Millionen Anhänger, davon jeweils 200.000 in Westeuropa und Nordamerika, 500.000 in Latainamerika und 300.000 in der Sowjetunion.

Doch die meisten Anhänger des Buddhismus sind noch immer in den asiatischen Ländern wie Sri Lanka, Myanmar, Thailand, Japan, Korea und China zu finden.

Wer aber war Buddha?

Was über Buddha bekannt ist, stammt größtenteils aus den kanonischen Texten, von denen die meisten in Pali, einer Sprache des alten Indien, geschrieben sind.

Es sind aber Religionsgeschichten, da aus der Zeit Buddhas keinerlei Quellentexte vorhanden sind.

Es geht aber um die Erleuchtung, die von Buddha ausging und die neu gefundene Wahrheit, die er lehrte.

1. Alle Existenz ist von Leiden gekennzeichnet.
2. Leiden entstehen aus einem Verlangen oder einer Gier.
3. Die Aufhebung der Gier hebt das Leiden auf.
4. Der Weg zur Aufhebung des Leidens ist der achtfache Pfad, durch den das Verhalten, das Denken und das Glauben geregelt wird.

Diese Predigt über den mittleren Weg und über die

vier edlen Wahrheiten stellt das Wesentliche der Erleuchtung Buddhas dar und bildet den Inhalt der gesamten Lehren Buddhas.

So lehrte er seinen Mönchen:

Dies ihr Mönche, ist die edle Wahrheit vom Leiden:

Geburt ist Leiden, Alter ist Leiden, Krankheit ist Leiden, Sterben ist Leiden, mit Unlieben vereint sein ist Leiden, von Lieben getrennt sein ist Leiden, nicht erlangen was man begehrt, ist Leiden.....

Dies ihr Mönche, ist die edle Wahrheit von der Entstehung des Leidens:

Es ist der die Wiedergeburt erzeugende Durst, begleitet von Wohlgefallen und Begier, der hier und dort seine Freude findet, nämlich der Durst nach Lust, der Durst nach Werden und Dasein.....

Dies ihr Mönche, ist die edle Wahrheit von der Aufhebung des Leidens:

Die Aufhebung dieses Durstes durch restlose Vernichtung des Begehrens, ihn fahren lassen, sich seiner entäußern, sich von ihm lösen, ihm keine Stätte gewähren.

Dies ihr Mönche, ist die edle Wahrheit von dem Weg, der hinführt zur Aufhebung des Leidens:

Es ist dies der edle, achtfache Pfad, der da heißt, rechtes Glauben, rechtes Denken, rechtes Sprechen, rechtes Tun, rechtes Leben, rechtes Streben, rechte Konzentration, rechtes Sichversenken.

Durch diese Lehre wurden andere mystische Lehren verurteilt.

Buddhas Lehre machte jeden Lebensbereich des Volkes der es versklavte, insbesondere dem Kastenleben, ein Ende.

5.) Der Taoismus

Taoismus, Konfuzianismus und Buddhismus bilden die drei Hauptreligionen Chinas und des fernen Ostens.

Doch im Unterschied zum Buddhismus, der zu einer Weltreligion führte, sind der Taoismus und der Konfuzianismus im wesentlichen auf China und die angrenzenden Gebiete beschränkt geblieben, in denen sich der Einfluss der chinesischen Kultur behauptet hat.

Über die gegenwärtige Zahl ihrer Anhänger in China liegen zwar keine offiziellen Angaben vor, doch der Taoismus und der Konfuzianismus zusammen haben in den letzten 2000 Jahren das religiöse Leben von nahezu einem Viertel der Weltbevölkerung beherrscht und beeinflusst.

Der Taoismus war in seinen Anfängen eher eine Philosophie als eine Religion.

Sein Gründer Laotse hatte die Wirren und das Chaos der damaligen Zeit satt und suchte Erleichterung, indem er sich von der Gesellschaft abwandte und zur Natur zurückkehrte.

Er schrieb ein Buch welches etwas mehr als 5000 Worte hatte, in dem er die Begriffe, der Weg und die Kraft behandelte, entfernte sich in die Natur und niemand weiß, wo er gestorben und wie er gestorben ist.

Bekannt geworden sind die Schriften „Führung und Kraft aus der Ewigkeit" und gelten noch heute als die bedeutendsten Schriften des Taoismus.

Die Übersetzung in das Tao sagt aus:

> „Ehe Himmel und Erde bestanden, war etwas Nebelhaftes, die würdig Mutter aller Dinge zu sein"

> „Das Tao gebiert sie, das The hegt sie, die Stoffwelt gibt ihnen Form.

> „Die Umstände des Augenblicks vollenden sie" Darum verehren alle Dinge des Alls das Tao und schätzen das Teh (die Tugend)"

Was kann man aber aus diesen rätselhaften Worten schließen?

Dass das Tao für Taoisten eine geheimnisvolle kosmische Kraft ist, die das stoffliche Universum hervorgebracht hat.

Ziel des Taoismus ist, das Tao herauszufinden, die Welt hinter sich zu lassen und eins zu werden mit der Natur.

Das zeigt sich auch in der taoistischen Ansicht über das menschliche Verhalten das wie folgt belegt wird:

> „Spanne den Bogen bis aufs äußerste und du wirst wünschen, rechtzeitig Eingehalten zu haben.

> Schmiede eine Schwertschneide überscharf und die Schneide wird nicht lange halten.

Wenn Gold und Edelsteine deine Halle füllen,
wirst du sie nicht sicher aufbewahren können.
Auf Reichtum und Ehre stolz sein, heißt den
Samen für den eigenen Untergang säen.
Sich zurückziehen, wenn das Werk vollbracht ist,
das ist des Himmels Weg.

Diese wenigen Beispiele zeigen, dass der Taoismus zumindest anfänglich eine philosophische Schule war.

Um der Ungerechtigkeit, der Not, der Verwüstung und der Sinnlosigkeit entgegenzuwirken, die durch die bedrückende Herrschaft des damaligen Feudalsystems hervorgerufen worden war, versuchten die Taoisten Frieden und Harmonie zu finden, indem sie zur Tradition der Alten zurückkehrten, die gelebt hatten, bevor Könige und Minister über das gewöhnliche Volk herrschten.

Das Ideal nach dem sie strebten, war ein ruhiges Leben im Einklang mit der Natur.

Hier sieht man, dass die alten Traditionen Zuflucht, Erinnerung und Sicherheit für die Menschen sehr viel bedeutete.

6.) Der Schintoismus

Bei einem Schinto- Prister wird jeden Morgen vor dem Frühstück am Familienaltar ein Glas Wasser und eine Schale gekochten Reis geopfert.

Nach dieser Kulthandlung nimmt man den Reis vom Feuer herunter und isst davon.

Man vertraut als Schintomane darauf, dass man

sich durch diese Handlung den Schutz der Götter sichert.

Es ist schwer zu bestimmen, wann dieser Schintoismus, die Religion der Japaner, überhaupt entstanden ist.

Sein Ursprung fällt mit dem Aufkommen des Nassreisanbaus zusammen.

Der Nassreisanbau erforderte gut organisierte und stabile Gemeinden und so entstand ein bäuerliches Brauchtum, das später im Schintoismus eine überaus wichtige Rolle spielte.

Diese alten Stämme ersannen und verehrten zahlreiche Naturgottheiten.

Zu diesen Verehrungen kam die Furcht vor den abgeschiedenen und ins Unendliche gewanderte Seelen hinzu, die zu Riten führten, durch die sie beschwichtigt werden sollten.

Daraus entwickelte sich später die Ahnenkultur.

Die Schintoisten glauben, dass eine abgeschiedene Seele immer noch ihre Individualität hat und dass sie durch den Tod verunreinigt worden ist.

Wenn die Hinterbliebenen Gedächtnisriten durchführen, wird die Seele von jeder Bosheit gereinigt und nimmt einen friedlichen und wohlwollenden Charakter an.

Im Laufe der Zeit steigt die Ahnenseele in den Rang einer Ahnen- oder Schutzgottheit auf.

Es zeigt sich also, dass auch für diese Religion der Glaube an die Unsterblichkeit der Seele grundlegend ist und dass er die Einstellungs- und Handlungsweise der Gläubigen beeinflusst.

Die Unsterblichkeit der menschlichen Seele ist also auch im Schintoismus ein fester Bestandteil des Glaubens.

7.) Das Judentum

Das Judentum beschäftigt sich hauptsächlich mit der Suche nach Gott mit Hilfe der Bibel und der Traditionen.

Was hatten Moses, Jesus, Mahler, Marx, Freud, und Einstein gemeinsam?

Sie alle waren Juden und alle haben auf verschiedene Weise die Geschichte und die Kultur der Menschen geprägt und beeinflusst.

Es ist ganz offensichtlich, dass die Juden seit Jahrtausenden ein beachtenswertes Volk gewesen sind, wie es ja auch in der Bibel bestätigt wird.

Im Gegensatz zu anderen alten Religionen und Kulturen wurzelt das Judentum nicht in der Mythologie, sondern in der Geschichte.

Die Wurzeln der jüdischen Religion reichen 4000 Jahre in die Vergangenheit zurück und andere bedeutende Religionen sind den heiligen Schriften des Judentums mehr oder weniger zu Dank verpflichtet.

Denn beim Lesen der Qurän oder des Koran wird man feststellen, dass auch der Islam den Schriften des Judentums viel zu verdanken hat.

Ein weiterer wichtiger Grund ist, dass die jüdische Religion ein wichtiges Glied in der Kette der Suche

der Menschheit nach dem wahren Gott bildet.
Und ihre zehn Gebote stehen für Anbetung und Lebenswandel.

Du sollst keine anderen Götter vor mir
haben.
Du sollst dir kein Bildnis machen
und keinerlei Gestalt dessen, was im
Himmel oben und was auf Erden
unten und was im Wasser unter der
Erde ist.
Du sollst dich vor ihnen nicht niederwerfen und ihnen nicht dienen und du
sollst den Götzendienst verwerfen!
Du sollst den Namen des Ewigen
hebräischen Gottes nicht zur Unwahrheit aussprechen!
Gedenke des Sabbattages, ihn zu heiligen!
Der Ewige hat den Sabbattag gesegnet und
ihn geheiligt!
Ehre deinen Vater und deine Mutter!
Du sollst nicht morden!
Du sollst nicht ehebrechen!
Du sollst nicht stehlen!
Du sollst nicht Aussagen wider deinen
Nächsten als falscher Zeuge!
Du sollst nicht begehren das Haus deines
Nächsten!
Du sollst nicht begehren das Weib deines
Nächsten, noch seinen Knecht, seine Magd,
seinen Ochsen, seinen Esel, noch alles was

deinem Nächsten gehört!

Zwar beziehen sich nur die ersten vier Gebote auf den Glauben und die Anbetung, aber die anderen lassen die Verbindung zwischen einem einwandfreien Lebenswandel und dem richtigen Verhältnis zum Schöpfer erkennen.

Im Mittelalter (von 500 bis 1500 u.Z.) traten zwei unterschiedliche jüdische Gemeinschaften in Erscheinung, die Sephardim, die sich unter der muslimischen Herrschaft in Spanien eines ungestörten Lebens erfreuten, und die Aschkenasim in Mittel- und Osteuropa.

Aus beiden Gemeinschaften gingen rabbinische Gelehrte hervor, deren Schriften und Gedanken heute noch die Grundlage religiöser jüdischer Auslegung bilden.

Interessanterweise gehen viele religiöse Sitten und Bräuche der Juden in Wirklichkeit auf das Mittelalter zurück.

Nach einer der Grundlehren des heutigen Judentums hat der Mensch eine unsterbliche Seele, die beim Tod des Körpers weiterlebt.

8.) Der Islam

Der Weg zu Gott durch Unterwerfung.

Im Namen Allahs, des Gnädigen, des Barmherzigen ist ein Satz aus der Übersetzung des arabischen Textes aus dem Qurän.

Weiter heißt es darin, aller Preis gehört Allah, dem Herrn der Welten, dem Gnädigen, dem Barmherzigen, dem Meister des Gerichtstages.

Dir allein dienen wir, und zu dir allein flehen wir um Hilfe.

Führe uns auf den geraden Weg, den Weg derer, denen du Gnade erwiesen hast, die nicht Missfallen erregt haben und die nicht irregegangen sind.

Diese Worte bilden das erste Kapitel des heiligen Buches der Muslime, des heiligen Qurän oder wie es auch heißt, des Korans.

Da mehr als einer von sechs Erdbewohnern ein Muslim ist und fromme Muslime diese Verse mehr als einmal in jedem ihrer fünf täglichen Gebete wiederholen, müssen sie zu den am häufigsten gesprochenen Worten auf der Erde zählen.

Gemäß der Statistik, gibt es auf der Welt mehr als 900 Millionen Muslime, was bedeutet, dass nur die römisch-katholische Kirche zahlenmäßig stärker ist.

Die drei größten monotheistischen Religionen der Welt sind das Judentum, das Christentum und der Islam.

Die Hauptlehre des Islam ist als Schahada oder Glaubensbekenntnis bekannt, das jeder Muslim auswendig kann.

Die fünf Pfeiler des Glaubens sind:

- Der Glaube an Allah, den einen Gott
- Der Glaube an seine Engel
- Der glaube an viele Propheten, doch nur an eine Botschaft.

31

- Der Glaube an den Tag des jüngsten Gerichts
- Der Glaube an Gottes Allwissenheit, Vorherwissen und Bestimmung aller Geschehnisse.

Der Islam lehrt, dass der Mensch eine Seele hat, die in einem Jenseits weiter lebt.

Im Quän wird gesagt, Allah nimmt die Seelen der Menschen hin zur Zeit ihres Absterbens und auch derer, die nicht gestorben sind, während ihres Schlafs.

Dann hält er die zurück, über die er den Tod verhängt hat.

Nach dem Qurän kann die Seele verschiedene Geschicke haben.

Sie kann entweder in einem himmlischen Paradiesgarten oder in eine Feuerhölle kommen.

Die Muslime glauben, dass das Leben mit dem Tod nicht aufhört.

Die Seele des Toten geht hinter die Schranke an den Ort oder in den Zustand, in dem die Menschen nach dem Tod vor dem Gericht sein werden.

Dort ist die Seele bei Bewusstsein und am Gerichtstag wird das ewige Schicksal eines jeden entschieden, womit dieser Zwischenzustand enden wird.

9.) Das Christentum

Die Vergangenheit der Christenheit, ihre Kriege,

ihre Inquisition, ihre Kreuzzüge sowie ihre religiöse Heuchelei, hat sich für das Christentum nicht günstig ausgewirkt.

Fromme Muslime und andere nennen als Argument, warum sie das Christentum ablehnen, die moralische Verdorbenheit und Entartung der westlichen, christlichen Welt.

Es entstehen deshalb die berechtigten Fragen, spiegelt die Geschichte der Christenheit und ihr heutiger Zustand in sittlicher Hinsicht wirklich die Lehre Jesu Christi wider?

In allen Religionen der Welt spielte die Mythologie eine wichtige Rolle.

Geht man aber auf den Anfang und den Ursprung der Religionen zurück, stößt man nicht auf Mythen, sondern auf historische Gestalten, darum die vordringliche Frage, war Jesus eine mythische Gestalt?

Sind die Berichte vom Leben des Begründers des Christentums nur ein Erzeugnis menschlichen Kummers, menschlicher Einbildungskraft oder auch menschlichen Hoffens?

Auch den eifrigsten heidnischen oder jüdischen Gegnern des werdenden Christentums ist es nie in den Sinn gekommen, die Existenz Christi anzuzweifeln.

Für die Christen war es eine Tatsache, dass Christus gelebt hat und sie verkündeten eifrig ihren Glauben trotz Verfolgung und Tod.

Es ist kaum anzunehmen, dass sie wegen eines

Mythos ihr Leben riskiert hätten.

Der Tod und die Auferstehung Jesu hatte zu ihren Lebzeiten stattgefunden und einige waren Augenzeugen dieser Ereignisse.

Das Wesentliche am Christentum ist die aufopfernde Liebe, die auf Grundsätzen beruht, was in der Praxis darauf deutet, dass ein Christ sogar seine Feinde lieben sollte, auch wenn er ihre bösen Werke hasst.

Wie sähe es doch in der heutigen Welt aus, wenn alle Menschen eine derartige Liebe bekunden würden.

Was Jesus lehrte, war jedoch weit mehr als eine Sittenlehre oder eine Philosophie gleich der des Konfuzius oder des Laotse.

Jesus lehrte auch nicht wie Buddah, dass man durch den Weg der Erkenntnis und der Erleuchtung seine Erlösung selbst erwirken könne, er wies vielmehr auf Gott als den Quell des Heils und der Errettung hin.

Denn Gott hat die Welt geliebt dass er seinen einzig gezeugten Sohn hingab, damit jeder, der den Glauben an ihn ausübt, nicht vernichtet werde, sondern ewiges Leben erlangen werde.

Denn Gott sandte seinen Sohn nicht in die Welt, damit er die Welt richte, sondern damit die Welt durch ihn gerettet werde.

Die Suche der Menschheit nach Gott erhielt also mit Jesus plötzlich neuen Antrieb, denn Gott sandte in seiner unermesslichen Liebe Jesus als Licht- und

Wahrheitssignal auf die Erde, damit er die Menschen zum Heil führe.

Denn die Liebe ist langmütig und gütig.

Die Liebe ist nicht eifersüchtig, sie prahlt nicht, bläht sich nicht auf, benimmt sich nicht unanständig, blickt nicht nach ihren eigenen Interessen, lässt sich nicht aufreizen, sie rechnet das Böse nicht an, sie freut sich nicht über Ungerechtigkeit, sondern freut sich mit der Wahrheit, sie erträgt alles, glaubt alles, hofft alles, erduldet alles, die Liebe versagt nie.

Die Botschaft war, geht daher hin, macht Jünger aus Menschen aller Nationen, tauft sie im Namen des Vaters, des Sohnes und des heiligen Geistes und lehrt sie, alles zu halten, was ich euch geboten habe.

Deshalb war das Christentum von seiner Gründung an, eine Religion.

Was aber geschieht mit den Toten gemäß der Botschaft Jesu?

Welche Hoffnung besteht für die Toten?

Besteht für die unsterblichen Seelen seiner Gläubigen Hoffnung auf eine Erlösung?

Allerdings steht an keiner einzigen Stelle in der Bibel der Ausdruck „unsterbliche Seele".

Das griechische Wort das mit unsterblich oder mit Unsterblichkeit wiedergegeben wird kommt nur dreimal vor und bezieht sich auf einen neuen Geistesleib, den man annimmt oder den man erhält, aber nicht auf etwas Angeborenes.

Hier ist die Zurückhaltung einer klaren Äußerung in der Überlieferung zu erkennen.

10.) Die Seelenerkenntnisse

Inzwischen gibt es aber schon sensationelle Enthüllungen, warum der Mensch nach dem Tod weiterlebt.

Es klingt wie ein Wunder und doch muss man es ernst nehmen.

Ein Weiterleben nach dem Tod erscheint immer wahrscheinlicher.

Experten, Nahtod- Sterbeforscher äußerten sich schon in einem Interview, warum es keinen Zweifel an einem Weiterleben nach dem Tod geben kann.

In einer öffentlich spannenden Dokumentation schildern die Wissenschaftler beeindruckende Beweise, dass die Seele des Menschen ihren Weg nach dem Tod im Jenseits im vollen Bewusstsein fortsetzt.

Zwei Drittel der Menschen in Deutschland glauben an ein Leben nach dem Tod.

Unterstützung und Hilfe zu diesem Thema findet man jedoch nur in den seltensten Fällen.

Meist werden die Themen Sterben, Jenseits und Weiterleben immer noch mit gesellschaftlichen Tabus belegt.

Auch von den Kirchen werden diese Fragen kaum beantwortet.

Doch gibt es in der katholischen Kirche in der letzten Zeit immer häufiger Hinweise darauf, dass das Wissen vom Überleben der Seele nach dem irdischen Tod durchaus vorhanden sein kann.

Bekannte Nahtodexperten beschreiben oft die unterschiedlichen Stufen des Sterbeprozesses und berichten anschaulich wie der Mensch sich schon zu Lebzeiten auf den Tod vorbereitet, arglos, voller Trost und Zuversicht.

Denn Sterben ist so natürlich wie das Leben und der irdische Tod bedeutet nur eine Stufe zum Weiterleben im Jenseits.

Weiterhin wird bestätigt, dass der irdische Tod nur ein Wechsel zwischen dem Dies- und dem Jenseits ist.

Das Ich-Bewusstsein des Menschen besteht auch in der unbekannten Welt hinter dem Horizont fort.

Dort trifft man seine Liebsten wieder.

Unsere verstorbenen Liebsten sind nicht fort, sie sehen und hören uns und sie nehmen weiter an unserem Leben teil.

Sie wünschen uns alles Gute, und wer es zu Lebzeiten versäumte, liebe Worte oder Zeichen der Zuneigung an den lieben Verstorbenen zu richten, kann die Versöhnung auch noch nach dem Tod finden.

Dem Nahtoderlebniss, dem schon viele Menschen begegnet sind, können allerdings mit dem Glauben nur unwesentlich oder überhaupt nicht in Einklang gebracht werden.

Hier versucht die Wissenschaft Klarheit zu schaffen und gibt verschiedene Beispiele der stattgefundenen Erlebnisse, weltweit.

Menschen, die an der Schwelle zum Tod standen, die sogar bereits als klinisch tot erklärt wurden und dann wieder ins Leben zurückkehrten, berichten oft von sehr ungewöhnlichen Erfahrungen.

Sie decken ein weites Spektrum ab, dessen Bogen sich ins Metaphysische zu spannen scheint.

Niemand kann es abstreiten, das Phänomen der Nahtoderlebnisse existiert.

Personen, die sich in lebensbedrohlichen Situationen befanden oder gar wieder belebt werden konnten, beschreiben häufig die erstaunlichsten Eindrücke und Empfindungen.

Sie scheinen in eine jenseitige Welt vorgestoßen zu sein, aus der sie ins Leben zurück geholt wurden.

Was sie sahen und spürten, klingt mystisch und versetzt einen in großes Erstaunen.

Die Betroffenen schildern nicht selten den Übergang in einen sehr angenehmen Zustand, sie sprechen von sehr friedvollen Augenblicken und einem hellen Licht, das sich zum Ende eines langen, düsteren Tunnels öffnet, sie hören manchmal geradezu sphärische Klänge und begegnen Verstorbenen, erleben ihr eigenes Leben noch einmal im Schnelldurchlauf oder finden sich selbst außerhalb ihres eigenen Körpers wieder.

Es scheint, als ob sich die Seele vom Körper löst und ihren Weg in die Ewigkeit einer anderen Welt sucht, oder aber nach dem Tod in einen anderen, ihr genehmen Körper einzieht.

„Materie ist wie ein flüssiges Siegelwachs und die Seele ist das Siegel, welches dem Wachs die Idee des Lebendigen einprägt.

Ohne Seele würden demnach die Welt und alle Kreaturen nicht existieren"

Denn die Erde selbst ist ein Körper einer großen Seele und alle Lebewesen der Erde sind ein Teil von diesem großen Wesen.

Wenn ohne Seele die Welt und alle Kreaturen nicht leben können, dann haben auch Tiere eine Seele.

Die Existenz der Seele kann beim Menschen oder auch beim Tier auf objektive Weise bisher weder bewiesen oder konnte noch nicht bewiesen werden.

Tatsache ist, dass die Seele von Natur aus nicht materiell und somit auch nicht Gegenstand objektiver Verifikation oder Nachweis der Richtigkeit einer Vermutung sein kann.

Antworten können wir aber trotzdem in unserer Intuition, in den Philosophien und Religionen der Welt suchen und finden.

11.) Die tierische Seele

Viele Traditionen sprechen von der Idee einer Welt-Seele (anima mundi)

Von dieser Anima wird das lateinische und später englische Wort „animal" Tier, Lebewesen, abgeleitet.

Die Welt-Seele ist ein unsichtbares, lebendes Wesen, welches die ganze Schöpfung belebt.

Sie agiert wie ein Vermittler zwischen Gott oder

Geist und der Materie.

Ein bekanntes Beispiel ist das Verhalten von Ratten, die ein gewisses Verhalten erlernt haben.

Stellt man eine völlig andere Gruppe von Ratten mit denen die ein gewisses Verhalten erlernt haben einige Jahre später im Vergleich dieselbe Aufgabe, lernen diese Ratten das Verhalten viel schneller als die vorherige erste Gruppe.

Die Lernerfahrung der ersten Ratten hat sich ohne Kontakt zueinander irgendwie auf alle anderen übertragen.

Die Idee der Gruppenseele, birgt auch hier die Erklärung für dieses Ergebnis.

Im Allgemeinen haben Tiere kein spezielles Bewusstsein von sich selbst.

Wenn man ihnen ihr eigenes Spiegelbild zeigt, reagieren sie so, als handle es sich um ein anderes Tier.

Menschen andererseits erkennen sich selbst in frühen Entwicklungsstadien als eigenständige Persönlichkeit.

Das würde mit der naturphilosophischen Lehre zusammenpassen die da sagt, dass menschliche Seelen individualisiert sind.

Wenn ein Mensch stirbt, verliert er nicht seine Seelenidentität und geht nicht in die Gruppenseele zurück, sondern er lebt weiter und reinkarniert wieder als individuelle Seele.

Die Tiere sind während ihres Lebens nur vorübergehend getrennt von der Gruppenseele.

Demnach lebt alles.

Darüber hinaus verfügt alles in der Natur über gewisse Formen von Intelligenz und Bewusstsein.

Samen wachsen nicht blindlings und Blumen reagieren nun mal auf die Sonne.

Moleküle verhalten sich in einer organisierten Weise, denn wenn sie es nicht tun würden, würde alles auseinanderfallen.

Ganz zu Schweigen von dem hochorganisierten Verhalten der Ameisen und Bienen.

Alles dieses impliziert einen hohen Grad an Intelligenz, allerdings mit unterschiedlichem Grad an Freiheit und Bewusstsein.

In traditionellen Kulturen werden zum Beispiel Berge als riesige, lebendige Wesen betrachtet, als große verehrungswürdige Geister.

Steinen und kostbaren Metallen wird eine Seele zugeschrieben und daraus folgend eine spezielle magische oder heilende Fähigkeit.

Sie gelten als Substanz für mächtige unsichtbare Kräfte.

Auch Tiere haben eine Seele und wie wir alle entwickeln sie sich zu höheren Stufen des Bewusstseins und des Daseins.

Die naturphilosophische Idee der Gruppenseele sagt, dass in dem Bereich der Natur, bei Mineralien, Pflanzen und Tieren die Seele nicht individualisiert ist.

Hier gibt es Gruppenseelen, welche sich mit dem Fortschritt der Evolution zunehmend teilen.

So gibt es zum Beispiel eine Gruppenseele für jede Art von Schmetterlingen, Tigern oder Braunbären.

Tiere dieser Art gehen von ihrer entsprechenden Gruppenseele aus und wenn sie physisch sterben, kehren ihre Seelen wieder in die Gruppe zurück und gehen in ihr auf, wobei sie ihre vorübergehende Individualität wieder verlieren.

Auf diese Art und Weise übertragen sich unmittelbar alle Erfahrungen, die das Tier als Individuum im Leben machte, in das Bewusstsein der ganzen Gruppe.

Alle Tiere dieser Art, nicht nur die unmittelbaren Nachkommen tragen diese neuen Informationen und Erfahrungen bereits bei der Geburt in sich.

Was aber sagt die katholische Kirsche zu der Feststellung, dass Tiere eine Seele haben.

Tiere haben Persönlichkeit und Charakter, sind fähig zu lieben und können treu sein, verspüren Angst und können sich freuen.

Aber sind das Kennzeichen der Seele in theologischen Sinn oder gar Zeichen einer unsterblichen Seele?

Der Begriff der Seele ist sehr schillernd, es ist ein poetischer Begriff über das, was eigentlich nicht zu begreifen ist, nämlich das Geheimnis, das göttliche in jedem Geschöpf.

Das alte Testament beschreibt an vielen Stellen, dass Gott allem Sein den Lebensatem, den Odem, eingehaucht hat und das bezieht sich auch auf die Tiere.

Die Bibel kennt den Dualismus von Leib und Seele nicht, der später durch die griechische Philosophie ins Christentum eingewandert ist.

Für die Bibel sind Leib und Seele eins, bei allen Geschöpfen Gottes.

Und so werden die Tiere in der Schöpfungserzählung noch vor den Menschen gesegnet und sie sind Bündnispartner Gottes in der Erzählung von der Arche Noah.

Dass Tiere deshalb eine Seele haben, wird in der Theologie kaum bestritten.

Nur an welcher Stelle der Evolution soll die unsterbliche Seele denn in die Kreatur eingezogen sein?

Beim Neandertaler vielleicht, beim Homo Erectus oder erst beim Homo Sapiens?

Bei jedem Geschöpf hört nach Ansicht der Bibel Leib und Seele untrennbar zusammen.

Was ist aber mit den Menschen, die aus welchem Grund auch immer durch schicksalhafte Umstände bei Tieren aufgewachsen oder großgezogen worden sind?

Sind hier die dem Menschen zugeordneten Fähigkeiten Sinn, Verstand und Persönlichkeitsentwicklung auf der Strecke geblieben oder sogar ganz abhanden gekommen?

Wie entwickelt sich ein Kind ohne menschliche Zuwendung, ohne menschliche Vorbilder in der Wildnis unter Tieren auf sich alleine gestellt?

Sie krabbeln auf allen Vieren, kreischen und flüchten beim kleinsten Anzeichen von Gefahr.

In fast allen Kulturkreisen gibt es Mythen über Kinder, die von Tieren aufgezogen wurden.

Rund fünfzig solcher sogenannter „Wolfskinder" wurden in den letzten dreihundert Jahren wissenschaftlich bekannt.

Das sind Fälle, bei denen tierische Ersatzfamilien Kinder vor dem sicheren Tod gerettet haben.

1920 fand man in Indien in einer Höhle eine Wölfin mit zwei kleinen Mädchen und brachte sie trotz heftiger Gegenwehr des aggressiven Muttertiers in ein Waisenhaus.

Die Kinder liefen auf allen Vieren und streiften am liebsten nachts umher.

Auch bei fast vollständiger Dunkelheit konnten sie messerscharf sehen.

Ihre Augen hatten sich offensichtlich perfekt an die Sehverhältnisse in der tiefen Wolfshöhle angepasst.

Die Mädchen besaßen auch einen ausgeprägten Geruchsinn, konnten Menschen, Tiere und Nahrung auf eine Entfernung von bis zu 60 Meter riechen.

Essen, das ihnen auf Tellern hingestellt wurde, verschlangen sie ohne ihre Hände zu benutzen.

Diese setzten sie ausschließlich zum Laufen ein.

Gekochtes Essen lehnten sie komplett ab.

Monatelang wurden die verblüffenden Beobachtungen in einem Art Tagebuch aufgezeichnet.

Als eines der Kinder nach nur einem halben Jahr im Heim starb, nahm ein Missionar das einsame übrig gebliebene Kind zu sich.

Mit der Zeit lernte das Mädchen die Sprache seiner Umgebung, konnte aber nur wenige Worte selbst aussprechen.

Schon bald konnte sie auch auf zwei Beinen stehen, lief aber jedoch weiter auf Händen und Füßen.

Als sie 1928 als 16-Jährige starb, war sie auf dem Entwicklungsstand einer Vierjährigen.

Noch ein paar weitere Beispiele, um zu belegen, was aus Menschen wird, die nicht die menschliche Entwicklung erfahren konnten und die nicht von Anfang an der gesellschaftlichen Ordnung oder den familiären Ersterfahrungen unterlagen, die aber dennoch als Menschen gelebt haben und durch ihre Gene übertragene, angeborene Intelligenz, dem Tier durch Geist und unausgebildetem Verstand trotzdem überlegen waren.

So lebte auch ein Sechsjähriger als Alphatier in einem Rudel wilder Hunde.

1998 befreite die russische Polizei den Sechsjährigen aus dem Rudel streunender Hunde das durch die dunklen Gassen und Hinterhöfe der Hauptstadt Moskau zog.

Zu diesem Zeitpunkt lebte der Junge in diesem Rudel schon zwei Jahre auf der Straße, da er mit vier Jahren von zu Hause ausgerissen war, um den Schlägen und Tritten des alkoholkranken Freundes seiner Mutter zu entkommen.

Das Vertrauen der streunenden Hunde gewann er, indem er ihnen von seinem spärlichen Essen abgab, dass er tagsüber auf der Straße erbettelte.

45

Als Gegenleistung nahmen die Tiere den Jungen in ihre Gruppe auf, wärmten ihn in den klirrend kalten Nächten und machten ihn, nachdem er Bellen gelernt hatte, schließlich sogar zu ihrem Anführer.

Drei Mal war die russische Polizei drauf und dran, ihn zu schnappen, doch die Hunde verteidigten ihn unerbittlich.

Als er dann doch durch einen Trick eingefangen wurde, kam er in ein Waisenhaus und wurde von dort an eine Familie vermittelt.

Nach vier Jahren unter Menschen konnte er perfekt sprechen und ging mit Gleichaltrigen zur Schule.

Fast schien es, als hätte er die Zeit auf der Straße komplett hinter sich gelassen, doch nachts träumte er oft von seinem Leben als Anführer des Hunderudels.

Oder auch Bello und John, sie wurden von Schimpansen aufgezogen.

Weil ihre Eltern sie nicht wollten, und auch das ist eine vollkommen unverständliche Seite von Menschen, die offenbar das für junge Nachkommen notwendige familiäre Umfeld oder auch die nicht ausreichend geistigen Fähigkeiten bieten konnten, ihre animalische Geistessituation und hier tut man den Tieren möglicherweise sogar Unrecht, durch diese Untat zum Ausdruck brachten.

Die kleinen Jungen, Bello sechs Monate und John drei Monate wurden glücklicherweise von einer Affenfamilie gerettet.

Weil Bello körperlich und psychisch behindert auf

die Welt kam, hatten ihn seine Eltern vom Noma-
denstamm der Fulani mit sechs Monaten einfach
ausgesetzt.

Was mit John wurde, ist nicht überliefert, aber
Bello hatte Glück, weil er von einer Schim-
pansenfamilie als Winzling mit in die Falgore-
Wälder, 150 Kilometer südlich von Kano im
Norden Nigerias, mitgenommen wurde.

Als Bello dort 1996 entdeckt wurde, hatte er bereits
das Verhalten seiner Ziehväter und seiner Zieh-
mütter übernommen.

Er kreischte wie ein Schimpanse und schleifte beim
Gehen seine Arme auf dem Boden hinterher.

Trotz der neun Jahre, die er in menschlicher Gesellschaft noch verbringen konnte, legte er seine
von den Affen erlernten Angewohnheiten nie ganz
ab.

Er starb 2005.

Es gab auch berechtigte Zweifel an einigen Außer-
gewöhnlichkeiten, wie zum Beispiel das Ereignis
des Gazellenjungen aus Syrien.

Die Geschichte eines Jungen, der in der syrischen
Wüste von Gazellen aufgezogen worden sein soll.

1946 wurde das etwa zehn Jahre alte Kind zusammen mit einer Herde Gazellen gesichtet.

Er bewegte sich mit riesigen Sprüngen fort, wie
seine tierischen Begleiter.

Von einem Jeep gejagt, soll der schmächtige Junge
Spitzengeschwindigkeiten von über fünfzig Stun-
denkilometern erreicht haben.

Zum Vergleich, Usain Bolt, der aktuell schnellste Sprinter der Welt, schaffte in seinem Weltrekord über hundert Meter nur knapp fünfundvierzig Kilometer pro Stunde und das lediglich auf einer Strecke von zwanzig Meter.

Nachdem er gefangen genommen wurde, soll er in eine Irrenanstalt eingeliefert worden sein, er soll 1955 noch gelebt haben.

All diese Beispiele zeigen uns, dass der Mensch, wenn er nicht in seinem familiären Umfeld aufwächst, total entarten kann.

Ohne Lebensanleitung und ohne Überlebensstrategie, die jedem Menschen, wenn er auf die Welt kommt, als Entwicklungshilfe von den Vorfahren als heimischer Schoß und als Sicherheitsaspekt zur Verfügung stehen muss, würde die gesamte Menschheit, so wie wir sie heute kennen, nicht vorhanden sein.

Die Frage nach unserer Herkunft, die erschiedenen Glaubensrichtungen, die oft unterschiedlichen Lebensauffassungen und das Trachten nach Sinn und Seele und deren Unsterblichkeit, würde für den Menschen sekundär sein.

Trotzdem wird der Mensch durch seinen Verstand und seinen Geist, aufbauend auf den bereits bestehenden Errungenschaften, weiter forschen und immer mehr neue wissenschaftliche Erkenntnisse dem jetzigen Wissensstand hinzufügen.

Auf dem Mond kann der Mensch bereits landen, aber was nach dem Tod mit unserer Seele passiert, oder warum sich unsere Gefühlswelt durch bestimmte Ereignisse komplett ändern kann, ist und bleibt noch ein Geheimnis.

Der Weg ist das Ziel (Konfutius).

12.) Die Nahtoderfahrung

Die Nahtoderfahrung eines Menschen ist ein Erlebnis des Übergangs, eine Begegnung mit einer Lichtgestalt und extreme Wahrnehmungen, die irdische Emotionen in Intensität und Qualität bei weitem übersteigen.

Nahtoderfahrungen ähnelten sich damit über die Zeiten und Kulturräume hinaus.

Der Begriff Nahtoderfahrung ist in der 1970er Jahren geprägt worden.

Man versteht darunter Erfahrungen von Menschen in Todesnähe, die sich erstaunlicherweise stark ähneln und zwar über Zeit und Kulturräume hinweg.

Diese Erfahrung habe ich selbst bei einem Wochenendaufenthalt in Holland am Freitag, den 11.10.2008 machen müssen, indem ich ca. zwei Minuten nach einem Hinterwandinfarkt ins Leben von zwei fähigen, holländischen Sanitätern zurückgerufen wurde.

Hierüber werde ich aber später noch berichten, da danach bei mir eine völlige Lebens und Gefühlsveränderung stattgefunden hat.

Im Allgemeinen berichten die betroffenen Menschen von einem Tunnel oder Strudel in den sie geraten sind, dann tauchen sie in eine Landschaft ein, die sie mit Worten kaum beschreiben können mit ganz intensiven Eindrücken.

Sehr oft kommt es zu einem Wiedersehen mit verstorbenen Angehörigen.

Eine Lichtgestalt tritt ihnen gegenüber, die sie als Inbegriff von Weisheit und Liebe beschreiben.

Oft folgt eine Rückschau auf das eigene Leben, was gut oder schlecht im Gedächtnis haften geblieben ist.

Die Rückkehr ins Leben erfolgt dann ganz unvermittelt oder irgend jemand teilt mit, dass man noch einige Aufgaben zu erledigen hat.

Die Nahtoderfahrung wird zunächst durch zuhören und aufschreiben erforscht, was die betroffene Person erzählt und was sie im Jenseits erlebt hat.

Dann sucht man nach Gemeinsamkeiten und stellt fest, dass es sich um eine universelle Menschheitserfahrung handelt.

Auch die historische und religionswissenschaftliche Forschung liefert Hinweise.

Im Christentum ist das in der Bibel beschriebene Damaskuserlebnis ein Indiz.

Die Wandlung vom Saulus zum Paulus wurde schon oft als eine Nahtod- oder Transzendenzerfahrung interpretiert.

Innerhalb der Kulturen sind die Erfahrungen und die Gemeinsamkeiten recht ähnlich.

Untersucht man das kulturübergreifend, dann fährt quasi der New Yorker mit einem gelben Taxi in den

Himmel, der Inder reitet auf einer Kuh, mal muss man eine große Brücke überschreiten, mal über ein Feuer springen.

Doch einige Grundkonstanten bleiben, zum Beispiel der Moment des Übergangs, wo die Wahrnehmungen die irdischen Emotionen in Intensität und Qualität bei weitem übersteigen.

Viele Nahtoderfahrungen sind auch mit einem „Out-of-Body"-Erlebnis verbunden, einem Eindruck, sich von dem physischen Körper abgespalten zu haben und sich dann von oben oder von der Seite zu sehen.

Erst nach kurzem Innehalten sehen die Betroffenen, dass sie selbst da liegen.

Das sich selbst sehen führt zu erstaunlichen Beobachtungen.

In den USA ist ein derartiger Fall gut dokumentiert, da hat man den Körper einer Frau auf 15 Grad heruntergekühlt, um eine Gehirnader zu operieren.

Danach konnte die Frau nach der Operation präzise beschreiben, wie das dafür gebrauchte Operationswerkzeug der Ärzte ausgesehen hat.

Zu diesem Zeitpunkt war aber keine Gehirnaktivität mehr messbar, so dass sie das alles, was geschehen war, überhaupt nicht sehen konnte.

Daraufhin haben Skeptiker behauptet, dass sich das Gehirn aus Geräuschen eine Art Vogelperspektive kreiert hat also eine Fiktion, die aber nicht sein kann, weil die Beschreibung der Frau zu genau war.

Man kommt also zu dem Schluss, dass Nahtoderfahrungen den Blick ins Jenseits ermöglichen.

Wenn man davon ausgeht, dass der Mensch mehr ist als nur bloße Chemie und Physik, dann sind Nahtoderfahrungen der einzige Weg, der jenseitigen transzendenten Welt näher zu kommen, denn den meisten Berichten liegt ein realer Kern zugrunde.

Die Veränderung des Menschen durch die Nahtoderfahrung wird zu einem wesentlichen Kennzeichen.

Wer einen Herzinfarkt überlebt hat, feiert mit Sicherheit einen zweiten Geburtstag im Jahr, denn die Menschen, so wie ich es auch erlebt habe, verändern danach ihr gesamtes Leben.

Man spricht von den „After Effects", sie sind stärker auf der Sinnsuche, werden manchmal religiöser, aber weniger dogmatisch.

Die meisten Menschen verlieren nach diesem großartigen Erlebnis die Angst vor ihrem Tod, aber trotzdem ist es für sie schwer, darüber zu reden.

Oft wurden sie früher, wenn sie die Nahtoderfahrung gemacht hatten, als eigenartige Wesen gestempelt, und wenn sie aus diesem Grund ein neues Leben anfangen wollten.

Für die Religion bedeutet die Nahtoderfahrung auch sehr viel, nur leider wird das Thema oft von esoterischen Strömungen vereinnahmt.

Viele Menschen erkennen aber, was die Religion schon seit tausenden von Jahren sagt, nach dem Tod ist nicht Schluss.

13.) Die Gefühlsveränderung

Diese Basisentwicklung, die später völlig konträr zu der Bereitwilligkeit zu helfen, für andere da zu sein und aufopferungsvoll sich mit den Problemen anderer auseinandersetzen zu wollen ist das, was man als einen hundertprozentigen Wandel bezeichnen kann.

Einen Wandel, der nicht zu erklären ist und der Ursprünglichkeiten hat, die durch die tägliche Abfolge von notwendiger Härte und Rohheit nicht an das Tageslicht kommen konnte.

Wie aber verändern sich Menschen nach einer Nahtoderfahrung?

Studien belegen, dass sich Menschen nach einer Nahtoderfahrung in vielerlei Hinsicht verändern.

In nahezu allen Fällen zeigt sich ein tiefgreifender Wandel des Verhaltens, der Lebenseinstellung und des Glaubens.

Besonders das Erleben des panoramaartigen Lebensrückblicks und die Begegnung mit dem Licht scheinen dazu beizutragen, dass diese Veränderungen unumkehrbar werden.

Die Liebe zur Natur und die Ehrfurcht vor dem Leben sind gewachsen.

Die Menschen glauben stärker an ein Leben nach dem Tod und zeigen allgemein ein größeres Interesse für Spiritualität und Sinnfragen.

Die Wertschätzung für materiellen Besitz und persönlichen Status nimmt ab.

Die Beziehung zu Mitmenschen verändert sich

spürbar, Mitgefühl für andere und das Bewusstsein für soziale Gerechtigkeit sind stärker geworden.

Man ist versöhnlicher und toleranter, urteilt weniger über andere und ist insgesamt gefühlsvoller.

Manche Menschen haben Sehnsucht nach dem unvergesslichen Gefühl von Frieden und bedingungsloser Liebe, die sie während der Nahtoderfahrung erfahren haben.

Sie versuchen es wiederzufinden und an andere Menschen weiterzugeben, denn das Bedürfnis anderen zu helfen und das neu erfahrene Wissen weiterzugeben sind so groß geworden, dass viele sich einen anderen Arbeitsplatz suchen, beispielsweise in pflegerischen oder palliativen Bereichen.

Viele Menschen haben nach einer Nahtoderfahrung plötzlich starke intuitive Gefühle oder gar paranormale Fähigkeiten.

Man weiß plötzlich von den Gefühlen und dem Kummer anderer oder nimmt Krankheiten war, die in anderen Menschen vorhanden sind.

Man hat das Gefühl, unwillkürlich von Informationen aus einer anderen Dimension bereichert zu sein.

Dieses ist bei vierundachtzig bis zweiundneunzig Prozent der Menschen nach ihrer Nahtoderfahrung der Fall.

Damit gehört eine erhöhte intuitive Sensibilität zu den häufigsten Folgen einer Nahtoderfahrung.

Alles das war bei mir auch der Fall, denn als ich mich nach dem Zurückholen in mein neues Leben am 11.10.2008 etwas besser fühlte, spürte ich in mir so unglaubliche paranormale Fähigkeiten, dass es für mich auf einmal richtig unheimlich war.

Auch vor diesem Zwischenfall hatte ich manchmal schon Ahnungen, aber das was jetzt passierte, war anders.

Im Medical Centre Alkmaar, in das ich ja eingeliefert worden war, konnte ich von meinem Bett aus sehen, dass eine junge Frau im Nebenzimmer lag und ich wusste, was sich der Pastor zu Essen bestellt hatte.

Das alles ist total zurückgegangen, doch ich kann mich seit dem besser in Menschen versetzten und kann sogar manchmal, wie insbesondere bei Anna, buchstäblich ihre Gedanken lesen.

Fest steht aber, dass Energie nicht erzeugt und auch nicht vernichtet werden kann, sie ist immer nur von einer Form in eine andere Form veränderbar.

Da es sich beim Menschen auch um eine Art Energie handelt, muss diese wie auch immer geartete Energie beim Tod des Menschen den Körper verlassen und in eine andere Form wechseln.

Was zwar logisch aber dennoch unglaublich klingt konnte inzwischen wissenschaftlich belegt werden.

Man hat das unmittelbar nach dem Tod aus dem menschlichen Körper austretende Energiefeld genau gemessen.

Dieses benötigt bis zu zweiundsiebzig Stunden um den verstorbenen Körper vollständig zu verlassen.

Erstaunlich ist, dass das Energiefeld, je nach Todesart und materieller Einstellung des Verstorbenen unterschiedlich lange benötigte um an der absoluten Nulllinie anzukommen.

So benötigten Menschen, die zu Lebzeiten ein Leben nach dem Tod abgelehnt hatten, deutlich mehr Zeit, sich vom Körper zu trennen, als Menschen die das Weiterleben für möglich gehalten haben.

Dennoch, obwohl diese Ergebnisse wissenschaftlich belegt und nachzuvollziehen sind, werden sie weitestgehend ignoriert, weil nicht sein kann, was nicht sein darf.

Jetzt glaube ich viel stärker an ein Leben nach dem Tod, zumal ich selbst erfahren musste, dass zu Lebzeiten, wenn man dem Tod durch die Nahtoderfahrung sehr nahe war, in einem Veränderungen, Gefühlsveränderungen, Lebensauffasungen, Umgang mit den Mitmenschen, Strebsamkeiten, Profilierungen, Rücksichtnahme, Verständnis und Liebe, stattfinden, die vorher bei mir nie so stark und intensiv zum Ausdruck kamen.

Man ist einem kompletten Wandel unterworfen, fühlt sich dabei aber sehr wohl, versteht das eigene Leben plötzlich ganz anders und ist von Nächstenliebe und vormals nie gekannter offener Zuneigung beseelt.

Man fängt also mit anderen Worten ein völlig neues Leben an und glaubt, dass man durch die Veränderung ein gutes Stück in Richtung Glückseligkeit vorankommt

Eine Erneuerung des eigenen Ichs bedeutet also auch Hoffnung für das Weiterleben, aber mit der Erkenntnis, dass man sich für sein Handeln und Wirken offenbar zu verantworten hat.

Das Berufsleben war schon wieder ein weiterer Schritt mit der alles umfassenden Frage, was ist danach?

Warum muss ich etwas lernen und wenn ja, warum gibt es denn dann keine Lehrstellen für mich.

Warum ist die Gesellschaft auf die heranwachsende Jugend offenbar nicht vorbereitet, rechnet man mit keinem Nachwuchs, will man ihn möglicherweise gar nicht oder was hat diese ja für mich schon bestehende und entwickelte Gesellschaft überhaupt für eine Zielsetzung.

Will man, oder sind wir eigentlich nur dazu da Kriege auszufechten, so wie er gerade beendet wurde oder gibt es auch eine Gesellschaft, die Frieden Harmonie und ein Zusammenleben anstrebt und favorisiert?

Fest stand für mich und genau das hat die Straße ja auch gefordert, es geht um Leistung und Kampf.

Also doch kein erstrebenswertes Leben, sicher nur ein Ausbildungsprogramm mit Benotung, Qualifikationen und Ausscheidungswettbewerben für eine Hochgeborenheit, die von keinem verstanden wird und auf die auch keiner einen Einfluss hat.

Aber wer bestimmt das denn eigentlich alles?

Wer hat zum Beispiel festgelegt, dass ich oder auch

mein Bruder uns um unsere kranke Großmutter kümmern mussten, die genau so wie unser Vater von epileptischen Anfällen heimgesucht wurde, die dann bei unserer notwendigen Hilfestellung von uns beiden höchste Konzentration und Entschlossenheit abverlangte und wir der oft nur gaffenden und mitleidigen Betroffenheit der Mitmenschen ausgesetzt waren.

Dadurch natürlich auch mit Behörden, Polizei, Ärzteschaft und Ordnungsamt zu tun hatten, was bei unseren Artgenossen damals auf der Straße zum großen Erstaunen wegen des gekonnten Umgangs mit den Behörden führte.

Hier, so resümierte ich später, entwickelte sich doch schon Verantwortung, Hilfsbereitschaft und Nächstenliebe automatisch.

Hat das dazu geführt, dass aus uns beiden etwas geworden ist, hat das auch mit Entwicklung zu tun oder ist das nur Zufall oder doch Bestimmung.

Immer wieder in meinem Leben gab es Momente und Phasen, wo die Frage nach dem Sinn des Lebens sich in den Vordergrund drängte.

Hinzu kam das Verständnis für den Zusammenhalt, die Aufgaben und die Verpflichtung einer Gesellschaftsnachkommenschaft gegenüber.

Denn wofür sonst gibt es Menschen, die sich organisieren, politisch engagieren und über andere bestimmen und entscheiden wollen.

Was sind denn das für Menschen?

Sind die nur machthungrig, besessen von Profilierung und Wichtigtuerei oder wollen die wirklich allen anderen Mitbürgern helfen und für ein besseres Leben sorgen.

Diese Frage kann sich jeder selbst stellen, ob er aber eine ehrliche Antwort findet, ist fraglich.

Fest steht, dass die Menschen ohne geführt zu werden, ohne Hoffnung zu haben und ohne ein Ziel vor Augen zu haben nicht leben können.

Nur wer das Ziel bestimmt und wie hoch die Latte gelegt werden soll, bestimmt der Mensch schließlich selbst.

Orientieren wird er sich dabei immer an der überzogenen Erwartungshaltung der Gesellschaft, aber wir befinden uns in einem rasanten Wandel der Zeit und das Rad dreht sich immer schneller.

Wohin aber?

Welche Inhalte werden unser Dasein füllen, unser Bewusstsein bewegen und welche Lebensumstände werden unser Teil dabei sein.?

Das Verweilende weiht uns erst darüber ein, alles Eilende geschieht vor dem Hintergrund des Verweilenden, denn die Zeit strömt auf der Basis des Ewigen.

Durch die zunehmende Fragmentierung und Komplexität von Wissen und Realität scheinen wir unsere Verankerung in der Natur zu verlieren.

Wie können wir das heilende Prinzip, das Verbindende in der Vielfalt wiedererkennen?

Alles Seiende durchläuft stets die folgenden drei Phasen, Schöpfung, Instandhaltung und Transformation.

Wenn es uns gelingt, diese drei Prozesse auf ihre fundamentalen Prinzipien zurückzuführen, die auf allen Ebenen Gültigkeit haben, nur dann können wir einen Ausweg aus der Krise finden.

Die Sinnhaftigkeit des Seins ist auf eine verborgene Höherentwicklung der geistigen und sozialen Kräfte angelegt.

Das gesamte materielle Sein ist aus einer geistigen Dimension heraus entstanden, die nicht der Polarität unterliegt.

In der raum- und zeitlosen Ewigkeit des Aperion (Informationstechnologie und Mediengestaltung) wurden alle Urelemente künftigen und bestehenden Seins in äonischen (Bibelwissen) Gedanken gedacht,

Gedanken, die sich seit ihrer Initialzeit stets neu verwirklichen.

Danach besteht die Lebensaufgabe der Menschen darin, durch themenübergreifende Betrachtungen Brücken zwischen Wissenschaft und Spiritualität zu bauen.

Seit den 1980er Jahren wird auf den Gebieten der Frequenz- und Regulationstherapie geforscht, die dann Impulse, so hofft man, zum Bewusstseinswandel geben.

14.) Die Impulsgebung

Die erste Impulsgebung, mein Leben zu ändern erfasste mich am 17.02.1985 als ich an meinem vierundvierzigsten Geburtstag in Holland am Strand bei Windstärke neun etwas geschützt sitzend an das Ende meines Lebens dachte.

Großmutter väterlicherseits hatte mir bei einem Besuch bei ihrer Tochter und meiner Tante Irmgard in Heidelberg vor Jahren einmal erzählt, dass sechs Generationen zurück, weiter zurück wusste sie es nicht, immer der Erstgeborene zwar durch unterschiedliche Umstände, aber genau mit vierundvierzig Jahren verstorben ist.

Was hatten die Gene, oder war es eine übergeordnete Bestimmung, da in meiner Familie angerichtet.

War der Tod mit vierundvierzig Jahren bei dem jeweiligen Erstgeborenen eine Gesetzgebung, hatte die Hand Gottes dieses Alter auf Erden für ausreichend angesehen oder war das bei jedem meiner Vorgänger nur reiner Zufall?

Ich war der Erstgeborene und hatte deshalb seit dem ich das wusste, mein Leben auf ein Sprinttempo eingerichtet, so dass mir erstens nicht alles schnell genug ging und zweitens mein Leben so effizient verlaufen sollte, wie es nur eben ging.

Ich hatte immer das Gefühl, mir würde die Zeit für ein schönes erfülltes Leben davonlaufen.

Solche Gedanken sind nicht immer leicht auszuhalten und darum war auch meine Gefühlswelt recht beweglich, in die eine wie auch in die andere Richtung.

Zurückdenkend war mir klar, dass ich die vergangenen Jahre mit dieser Kenntnis nicht so gelebt habe, wie es vermutlich unter normalen Umständen möglich gewesen wäre.

Es war immer etwas hektisch, ruhelos, unausgeglichen,

ja manchmal sprunghaft und übereifrig.

Das alles änderte sich nach ca. einer Woche, als ich merkte, dass es für mich noch kein Ende gab.

Mir viel an mir besonders auf, dass ich viel ruhiger und gelassener wurde, die ständig in mir vorhandene Triebhaftigkeit verschwunden war und meine Geduld, anderen in Ruhe zuhören zu können, mich selbst überraschte.

Es war in kürzester Zeit eine Veränderung in mir eingetreten, die nicht unangenehm war, eine Veränderung, die mir neue Türen öffnete und die mich, mit der Ruhe und Sachlichkeit mit der ich an alles heran ging, beseelte.

Anna merkte das sehr schnell und kam aus dem Staunen nicht mehr heraus.

Es gefiel ihr und so kamen wir mit meiner neuen Lebenseinstellung beide sehr gut zurecht.

Es war also ein zweites Leben, ein Leben nicht nach dem Tod, aber ein Leben mit neuen Erkenntnissen und mit einer völlig neuen Lebensqualität.

Es sollte aber noch ganz anders kommen.

Am Freitag, den 11.10.2008, wir waren mal wieder in Holland, passierte es.

15.) Das Leben danach

Ich erlitt einen Hinterwandinfarkt und war zwei Minuten klinisch tot.

Der Zufall wollte es, oder war es auch dieses mal Bestimmung, weil ich in meinem Leben noch so viel geplant und noch so viel zu erledigen hatte, dass unsere Nachbarin in Holland, Frau Zaddach, zu Hause war und Anna in ihrer großen Not von dort aus den Notarzt telefonisch erreichen konnte.

Wir hatten keinen eigenen Telefonanschluss mehr, weil ich mit der holländischen Telefongesellschaft „Telfort" so viel Ärger hatte, dass ich den bestehenden Anschluss einfach gekündigt hatte.

Anna hatte aber den Notruf tätigen können und so kamen zwei Sanitäter, immerhin noch aus dem zwölf Kilometer entfernten Schagen mit einem Rettungswagen, uns recht schnell zur Hilfe.

Sie legten mich auf Bahre und sagten ich sollte mich einmal, wenn ich es könnte, nach rechts drehen.

Ich nahm das alles noch nicht so ernst und war selbstverständlich direkt zu dieser Drehung bereit.

In diesem Moment schoss aus allen Öffnungen meines Körpers ein Wasserstrahl heraus, der sofort einen herbeigeholten Zehnlitereimer mit Wasser restlos füllte.

Bei einem Hinterwandinfarkt gibt das Gehirn, so wie ich später erfuhr, offenbar den Befehl, alles Flüssige aus dem Körper heraus zu befördern.

Daraufhin wussten meine beiden Lebensretter, dass es sich um einen Hinterwandinfarkt handeln musste.

Es war ihnen direkt klar, dass mir im „Ziekenhuis" (holländisches Krankenhaus) in Den Helder nicht geholfen werden konnte, denn die haben keine Herzspezialabteilung, sondern dass ich sofort in das

„Medi-cal Centre nach Alkmaar" gebracht werden musste.

Den Notarzt, der aus Den Helder kam, haben die beiden erst gar nicht abgewartet und sind mit mir direkt nach Alkmaar gefahren.

Es ist mir noch in Erinnerung, dass die beiden mit mir angeschnallt auf der Bahre liegend durch die Gänge gelaufen sind, in den Gangkurven die Wände gerammt hatten und ich dann nur noch Köpfe mit grünen Masken über mir sah, bevor mir meine Sinne schwanden.

Jetzt erlebte ich noch das, was man wie man mir später erklärte Nahtoderfahrung nennt, in seiner schönsten, so noch nie erlebten überaus angenehmen Form.

Man will aus diesem Zustand einfach nicht mehr heraus, denn alles was mit einem passiert, ist völlig bedeutungslos und nicht mehr erstrebenswert.

Die angetretene Reise in die Glückseligkeit, in den ewigen Frieden, in den Schoß aller Familienmitglieder, in die Freude und das ewige Glück, will man nicht unterbrechen und vor allen Dingen nicht aufgeben.

So war ich, als ich wieder in die Welt zurückkehrte zunächst recht ungehalten.

Auf meine Frage, was soll der Krach und was soll die Hektik, antwortete eine OP-Schwester, es wäre alles gut verlaufen, ich hätte einen vier Zentimeter langen Stent (ein kleines aus Drahtgeflecht bestehendes Röhrchen) eingesetzt bekommen und ich

64

wäre zwei Minuten klinisch tot gewesen.

Verdammt dachte ich, warum holen die mich wieder zurück, bis ich merkte und mir klar wurde, dass ich dem Tod tatsächlich näher war als dem Leben.

Da ich privat versichert bin, kam ich auf die Chefetage in ein Einzelzimmer und wurde von einer ausgesprochen netten Holländerin betreut, die mich wieder ganz schnell an das irdische Leben glauben ließ.

Trotzdem, lange blieb ich dort nicht.

Freitagmittag war das Missgeschick mit fast tödlichem Ausgang passiert und sonntags bin ich natürlich, mit entsprechenden Verhaltensregeln, auf eigene Verantwortung schon wieder nach Hause entlassen worden.

Von da an war auf einmal alles anders.

Es begann für mich ein vollkommen neues Leben, mit einer anderen Lebensauffassung, mit mehr Ehrfurcht und Achtung vor allem, was mit Leben zu tun hat.

Ob es Anna war, mit der ich plötzlich viel liebevoller umgehen konnte, ob es die Nachbarn oder die Mitmenschen mit denen ich es zu tun hatte waren oder sogar die Tiere, unsere sowieso, aber auch mit Spinnen oder Mücken.

Ich konnte kein Tier mehr aus einem Ekelgefühl heraus so einfach umbringen.

Es wunderte mich teilweise selber, dass ich durch das neue Leben, was ich im Oktober 2008 neu begonnen hatte, eine völlig andere Gefühlswelt erlebte.

Immer und überall wollte ich helfen, wollte kranke Menschen unterstützen, wollte sofern ich konnte, seelischen Beistand leisten und wollte nicht wie vorher das Glas halbleer sehen, sondern halbvoll.

Was für ein Geschenk der Seele.

Denn diese Veränderung brauchte ich unbedingt um für Anna durch ihr immer schwieriger werdendes Krankheitsbild da zu sein und ihr in allen Belangen helfen zu können, nein helfen zu wollen.

Es baute sich in mir eine immer wiederkehrende Zufriedenheit auf, wenn ich meiner lieben Anna Erleichterung verschaffen konnte, sei es durch mich selbst oder durch angeforderte Hilfsmittel, die mit der leider zunehmenden negativen Krankheitsentwicklung für Anna immer notwendiger wurden.

Zuerst gab es einen Rollator, dann bekam sie einen Rollstuhl, einen Toilettenstuhl, ein Krankenbett und ein Scalamobil zum Treppensteigen, auf und ab.

Sie bekam Lymphdrainagen, Ergotherapien, Arztbesuche und Physiotherapien, alles zu Hause, weil sie leider inzwischen hundert Prozent pflegebedürftig war.

Die angebotene Hilfe der Mitarbeiter der AWO nutzte mir nicht viel, ich wollte Anna alleine versorgen, mit ihr liebevoll umgehen und sie nicht zu sehr leiden lassen.

Denn ihre offenen Wunden an Steiß, Fuß und Bein wollte ich selbst behandeln und wie sie immer bestätigte, viel rücksichtsvoller und besser als die Wundversorger der AWO.

Für ihren Liegesessel im Wohnzimmer hatte ich eine Auflage im Rückenbereich geschaffen, wo ihre recht große Rückenwunde frei blieb und beim Zurücklehnen keinen Druck mehr auf die Wunde ausübte.

Sie war glücklich.

Jeden Tag, holte ich sie mit dem Toilettenstuhl, der eigentlich nur zum Transport diente, an den Frühstückstisch, fütterte sie, da sie durch ihr starkes Gelenkrheuma unförmige Hände hatte und nichts fassen konnte außer ihrer Schnabeltasse, machte ihr das Radio mit ihrem Lieblingssender Erftradio an und hatte sie glücklich und zufrieden bei mir.

Natürlich war zuerst der recht schwere Gang ins Badezimmer vorweg gegangen, der sie immer sehr anstrengte und anschließend schläfrig machte.

Bevor sie aber im Sessel zur Ruhe kommen konnte, musste ich ihr wegen ihrer Lungenfibrose noch Sauerstoff zum Atmen geben, da sie sonst durch starke Hustenanfälle in Atemnot geriet.

Ein wirklich bemitleidenswerter Schatz, der aber gerne von mir, egal was es war, liebevoll behandelt wurde.

Es machte mir einfach nichts aus, was ich mir in früherer Zeit einfach nicht vorstellen konnte und machte mich sogar glücklich, wenn ich unsere Seelenverbundenheit bei ihr und bei mir bemerkte.

Oft brauchten wir gar nicht zu reden um uns zu verständigen.

Es war einfach ein übergroßes Verstehen, verbunden mit einer so vorher nie wahrgenommenen Zuneigung.

Wenn ich in ihre manchmal weit aufgerissenen Augen mit dem tiefen Blick wie ein Bergsee sah, wusste ich, sie weiß wie sehr ich sie liebe.

Sie hatte vollkommen alle Scheu abgelegt, war mir ja auch natürlich hilflos ausgeliefert und konnte doch in bestimmten Augenblicken immer noch ihren Stolz und ihre Würde zum Ausdruck bringen.

Ein wahrhaft liebenswerter Mensch, der auch meinen vollen Einsatz in allen Belangen verdient hatte.

Fast vierzig Jahre waren wir zusammen und ich hatte, als sie mit ihrer Krankheit immer mehr Probleme bekam ihr einmal versprochen, dass ich sie so lange ich lebe nicht in ein Pflegeheim geben würde.

Inzwischen war ich auch ihr gerichtlich bestellter Betreuer und hatte für alles die volle Verantwortung.

Ihr war es so recht, denn sie wusste, dass wir uns blind vertrauen und aufeinander verlassen konnten.

Nur leider wurde mit der Zeit alles immer schwerer.

Nach immerhin zweieinhalb Jahren wurden die Probleme immer größer und umfangreicher.

Sie konnte nicht mehr gehen, nicht mehr stehen und kaum noch sprechen.

Alles strengte sie so sehr an.

Ihre Muskulatur baute durch das ständige Liegen rapide ab und ihr Lebensmut sank leider zusehends.

Manchmal sagte sie, ich kann nicht mehr und jedes Mal brach für mich fast die Welt zusammen.

Natürlich war mir klar, dass das Leben von ihr einmal zu Ende gehen würde, aber ich wollte es nicht wahr haben.

Es gab zu viele Dinge die wir zusammen erlebt haben, schöne Dinge, manchmal schwierige Dinge, meistens bei den Hauskäufen wo ich auf ihre Wünsche eingehen musste, Erlebnisse die uns beide zusammengeschweißt haben, Momente, die jeder für sich selbst still und angemessen mit sich ausmachen musste und Glücksgefühle, die man kaum noch übertreffen konnte.

All diese Dinge gehen einem durch den Kopf, wenn man eine schlimme Konsequenz auf sich zukommen sieht.

Aber bei Anna konnte ich keine Hast, keine Hektik, keine Unzufriedenheit erkennen, auch keine Traurigkeit.

Offenbar war sie schon auf dem glückselig machenden Weg ins „Nirvana", ein Weg in die Glückseligkeit, ein Weg ohne Wiederkehr, ein Weg in den Seelenhimmel.

Am 24.07.2016 starb Anna.

Ich hatte mich nachts noch zweimal um sie kümmern wollen, doch sie schlief ganz ruhig.

Um 6,45 Uhr ging ich in ihr Zimmer und da lag sie

mit offenen Augen da, schaute mich an und sagte: „Schön dass du kommst"!

Ich bekam weiche Kniee, denn sie hatte seit fast vierzehn Tagen kein einziges Wort mehr gesprochen.

Die Wortfindung war ihr abhanden gekommen und wenn sie etwas sagen wollte, machte sie es mit den Augen, ich verstand sie ja.

War das der Abschied, war das die Reaktion bei jemandem der aus dem Leben scheidet.

Man sagt ja, dass der Abschiednehmende noch einmal den Zurückbleibenden ein paar gute Worte hinterlassen will.

Total verwirrt sagte ich, dass ich zuerst das Frühstück machen und sie dann holen wollte.

So um 7,15 Uhr war ich soweit, hob ihre Beine langsam aus dem Bett, denn sich selbst aufrichten konnte sie nicht, setzte sie auf den Toilettenstuhl, um sie ins Bad transportieren zu können, setzte sie im Bad dann auf die Toilette, brachte ihre nassen Sachen in die Mülltonne auf den Balkon und da rief sie nach mir „Richard"...........!

Das war das letzte Wort in ihrem Leben und dann brach sie tot in meinen Armen zusammen.

Tot, meine Anna war tot.

Ich konnte es zunächst nicht fassen, es war als ob mir jemand mein Herz herausgerissen hätte, meine Sinne schwanden und ich konnte mich kaum auf den Beinen halten.

Dann sah ich sie an.

Sie war entspannt, ja ich dachte sie würde sogar lächeln, eine seltene Ruhe überfiel mich, denn als sie die Augen für immer schloss, überkam mich ein selt-sames Gefühl, als ob sich ihre Seele schon sofort einen neuen Körper der ihr genehm war ausgesucht hatte, mich.

Ich versuchte zwar noch sie Wiederzubeleben, rief den Notarzt an, legte sie behutsam auf ihr Bett und nahm sie noch einmal ganz lange in meine Arme.

Es war der Abschied von ihrem geschundenen Körper, einem Körper, der einmal sehr begehrenswert war und der durch eine Vielzahl von Krankheiten sich ständig in einen schlechteren Zustand verändert hatte.

Der Notarzt stellte den Totenschein auf Herzversagen aus und blieb mit seinem Assistenten so lange bei mir, bis man Anna abholte.

Schreckliche Momente, die man dann durchstehen muss, was allerdings jeder, der schon einmal eine liebe Person oder einen Familienangehörigen verloren hat, zwangsläufig aushalten muss.

Hier ist wieder dieses Totgeschwiegene, die Geburt so wie der Tod gehören zum Leben, nur leider wollen wir Menschen das nicht so genau wissen und stehen dann wie ohnmächtig vor den schrecklichen Tatsachen.

Anna hatte mich verlassen und trotzdem war sie für mich nicht weg.

Ich stellte ein schönes Bild von ihr, wo sie mit ihrer

Schwester und ihrer geliebten Mutter abgebildet ist im Wohnzimmer auf den Schrank und rede mit ihr über alles das, was ich auch sonst mit ihr beredet habe.

Ich frage sie in bestimmten Situationen nach ihrer Meinung und sie antwortet mir.

Nur eine Sache muss sie mir einfach verzeihen.

Wir hatten vereinbart, dass wenn jemand von uns stirbt, eine Beerdigung im Wald in Bad Münster-eifel vorgenommen werden soll, was ich aber einfach nicht konnte.

Ich hätte keinen Platz zum Trauern gehabt und so habe ich sie als Dankeschön für ihr Verständnis bis heute täglich hier in Bergheim auf dem Friedhof besucht.

In ihrer Todesanzeige habe ich geschrieben:

„Die irdische Liebe nahm mir der Tod, die Un-endlichkeit der Liebe wir bleiben" und in der Jahresgedächtnisanzeige wird zusätzlich noch stehen: „ Dein Tod in meinen Armen ist für mich Verpflich-tung zur ewigen Treue, denn selbst der Tod hat nicht die Macht uns zu trennen".

Ich glaube, dass ich alles das, was ich empfunden habe, alles was mit der Liebe zu Anna zu tun hatte, alles was mit der aufopfernden Hilfestellung gemeint war und alles was mir im Nachhinein nicht schwer, sondern sogar recht einfach, was Anna`s Pflegezeit anging, gefallen und vorgekommen ist, aber ohne die Erfahrung meines eigenen Ablebens, nicht so einfach hätte durchstehen können.

Heute kämpfe ich mit mir selber, weil ich manchmal die Dinge nicht mehr so im Griff habe, die Sinnlosigkeit des Daseins sich aufdrängt, die Perspektivlosigkeit sich in den Vordergrund schiebt und der Wunsch zu Anna zu kommen sich sehr stark ausgeprägt.

Dennoch möchte ich versuchen für die sich aus einem Körper lösenden Seelen ein Ziel oder eine Richtlinie zu entdecken, denn der Mensch hat eine Seele und die ist unsterblich und sie wird unsterblich bleiben.

Es ist Ostern 2017.

Eine große Schwermut überfällt mich.

Meine Gedanken gehen zurück in die schöne, glückliche Vergangenheit mit Anna.

Gerade habe ich sie, wie jeden Tag nach ihrem Tod, auf dem Friedhof besucht und ihr frohe Ostern gewünscht.

Ich hatte ihr vorige Woche versprochen, Ostern nach Kerpen zu fahren und ihrem Vater, aber ganz besonders ihrer Mutter, ihrem Schwager Ernst und ihrer sehr geliebten Schwester Sofie Grüße zu bestellen und eine Kerze anzuzünden, was ich natürlich gerne gemacht habe.

Sie hatte mich darum gebeten, als ich wie jeden Abend vor ihrem Bild in der Schranknische stand und ihr gute Nacht wünschte.

Ich höre was sie sagt und ich bin dann ganz eng mit ihr verbunden.

Trotzdem macht es mich, ganz besonders wie

heute so traurig, wenn ich an die Zeiten mit ihr zurückdenke.

Was hatten wir doch ein zufriedenes, glückliches Leben.

Im Augenblick denke ich an unser damaliges Haus in Holland, wo wir meistens über Ostern einige Tage hingefahren waren.

Wir hatten dann Tinka und Flori sowie unsere Sachen, die wir mitnehmen mussten ins Auto gepackt und waren in Holland an die Küste gefahren.

Was waren das immer für wundervolle Tage.

Ich kann mich nicht an einen einzigen Tag erinnern, wo es nicht so abgelaufen ist, wie wir es uns immer gewünscht und vorgestellt haben.

Es war mit Anna und unseren Lieblingen einfach immer wunderschön.

Soviel Glück, soviel Gefühl, soviel Liebe, verspüre ich aber erst jetzt ganz besonders tief in mir.

Jetzt, nach dem meine liebe Anna nicht mehr da ist, merke ich erst, wie sehr sie mir fehlt, wie sehr ich sie geliebt habe und wie sehr ich mich weiterhin gerne um sie gekümmert und mich aufgeopfert hätte.

Nur leider geht das ja jetzt nicht mehr.

Im Moment, wo ich diese Zeilen schreibe, geht es mir wieder etwas besser und ich habe einfach das Gefühl, dass Anna bei mir ist.

Ist sie wirklich überhaupt endgültig von mir gegangen, oder ist sie nur vorübergehend in meiner Vorstellung für mich da.

Inzwischen glaube ich und ich habe es ja auch in vorherigen Zeilen so geschrieben, dass die Seelen nach dem Tod zueinander finden.

Doch wir Menschen können uns das real ja einfach nicht vorstellen und unsere Gefühlswelt lässt auch diese Überschwänglichkeiten leider nicht zu.

Dennoch ist meine Gefühlswelt, meine Grundeinstellung zum Leben und meine Bereitschaft, eine andere Aufnahmefähigkeit in mir nach meinem Nahtod zu entwickeln, stark, ja fast unanfechtbar geworden, denn all diese Ungereimtheiten, die politischen Fehler, die Gräuel und Untaten, die menschliche Verrohung, die großen Natur- und Umweltschäden, der rücksichtslose Umgang miteinander, die sinnlosen Kriege, der abstoßende Machtwille einzelner krankhafter Landesführer und letztlich die Ohnmacht der christlichen Organisationen, drängen sich regelrecht unaufgefordert und fast bestimmend in meine seelische Geborgenheit.

Hier bin frei, hier bin ich geschützt, hier bin ich unantastbar und hier fühle ich mich wohl.

Aber was machen die Menschen, die ihre Seele gar nicht spüren, die zu oberflächlich ihr Dasein fristen und den waren Wert des Lebens überhaupt noch nicht erkannt haben?

Hier macht sich meine nach dem Nahtod veränderte Gefühlswelt bemerkbar, indem ich wenn es gewünscht und zugelassen wird, meine Hilfestellung in jedweder Form anbiete und jeden, der es will, an der in mir ruhenden Ordnung, meinem offenherzigen Entgegenkommen und meiner immer stärker werdenden Ausgeglichenheit, gerne teilhaben lasse.

Immer wieder muss ich aber selbst an mir arbeiten, um den für mich glücklichen und zufriedenstellenden Umstand zu erhalten, da die negativen Einflüsse des heutigen menschlichen Zusammenlebens an jeder Ecke und das meist ohne Gegenwehr auf einen einwirkt.

Nun hatte ich zu diesem Zeitpunkt schon keinen Platz mehr in mir für Ungereimtheiten oder sekundäre Problembehebungen.

Ich hatte Anna, die leider immer mehr durch ihre Krankheiten geschwächt wurde und wo ich meine ganze Kraft brauchte, psychisch und auch physisch um all die mit einem 100%tig pflegebedürftig kranken Menschen anfallenden Aufgaben zu erledigen und zu bewältigen.

Auch wenn es mit Zuneigung und Liebe gemacht wird, es kostet Kraft.

Oft benötigt man die innere Einkehr um den eigenen Überzeugungswillen wieder in sich zu festigen und ihn nach außen insbesondere dem anvertrauten hilflosen, und total ausgelieferten geliebten Menschen gegenüber, mit möglicher Belastbarkeit und Stärke glänzen zu lassen.

Anna sollte nicht spüren, dass ich teilweise manchmal auch an meine Belastbarkeitsgrenze gestoßen war.

Aber ich glaube sie wusste es, sie hat es mir angesehen oder ihre innere Verbundenheit mit mir, gab ihr die Antwort.

Zu oft hatten wir uns tief und lange angesehen, da sie mit der Zeit leider ohne Wortfindung war, haben wir uns aber trotzdem verstanden und uns gut gefühlt.

In solchen Momenten dachte ich immer wieder an die in uns beiden inne wohnende Seele.

Wie sie uns half, wie sie uns unterstützte, wie sie einfach auf uns ruhig einwirkend da war, wie sie zwischen uns Übereinstimmung schaffte und wie sie uns beide glücklich sein ließ.

Augenblicke, die ich nie in meinem ganzen Leben vergessen werde und die, wie ich meine, erst das wahre wirkliche Leben ausmachen.

Hingabe ist eine Entspannung, ist Vertrauen.

Linguistisch heißt Hingabe zwar sich jemandem hingeben, aber spirituell heißt Hingabe aber hauptsächlich Vertrauen und Entspannung.

So ist Hingabe mehr eine Haltung als ein Tun, man lebt aus dem in einem ruhenden Vertrauen heraus.

Vertrauen heißt, du kämpfst nicht mehr und so heißt Hingabe für dich, das Leben ist nicht dein Feind sondern dein Freund und deine Seele ist in der offenen Stellung zur Hilfsbereitschaft, anpassungsfähig und gegenwärtig.

Ware Veränderungen geschehen im Inneren, nicht außen, denn finde das „Jetzt" in dir und jeder der dir begegnet wird von deiner Gegenwärtigkeit be-berührt und von dem Frieden verwandelt, den du ausstrahlst ob er sich dessen bewusst ist oder nicht.

Wir sollten tatsächlich mehr auf unseren Körper hören, der nämlich sagt wer wir sind, was wir brauchen und wo wir stehen.

Niemand außer unserem Körper informiert uns zuverlässig über Bedürfnisse, Gefühle und Ereignisse die wir wünschen und die wir erwarten.

Wir verbringen zu viel Zeit damit, Pläne für die Zukunft zu schmieden, machen uns abhängig von irgendwelchen Ereignissen, die erst noch eintreten müssen, damit wir glücklich sein können, und tun so, als hätten wir alle Zeit der Welt, dabei haben wir nichts anderes als das Leben „Jetzt".

Denn wir müssen uns darüber klar sein, dass das Leben in Zukunft noch viel schwerer wird, auch wenn man grundsätzlich ein positiv gestimmter und denkender Mensch ist.

Gehen wir doch, wenn es geht, den manchmal oft kleinen Problemen einfach aus dem Weg.

Denn aus nächtelangem Reden wird meistens tagelanges Schweigen.

Warum?

Denkt man aber dass das Fluidum oder der Geruch des Partners die eigene Heimat ist, dann kann doch nichts mehr schief gehen.

Pflegt eure Seelen oder rettet sie wenn notwendig, denn ohne Seele gibt es kein Leben nach dem Tod.

R.L

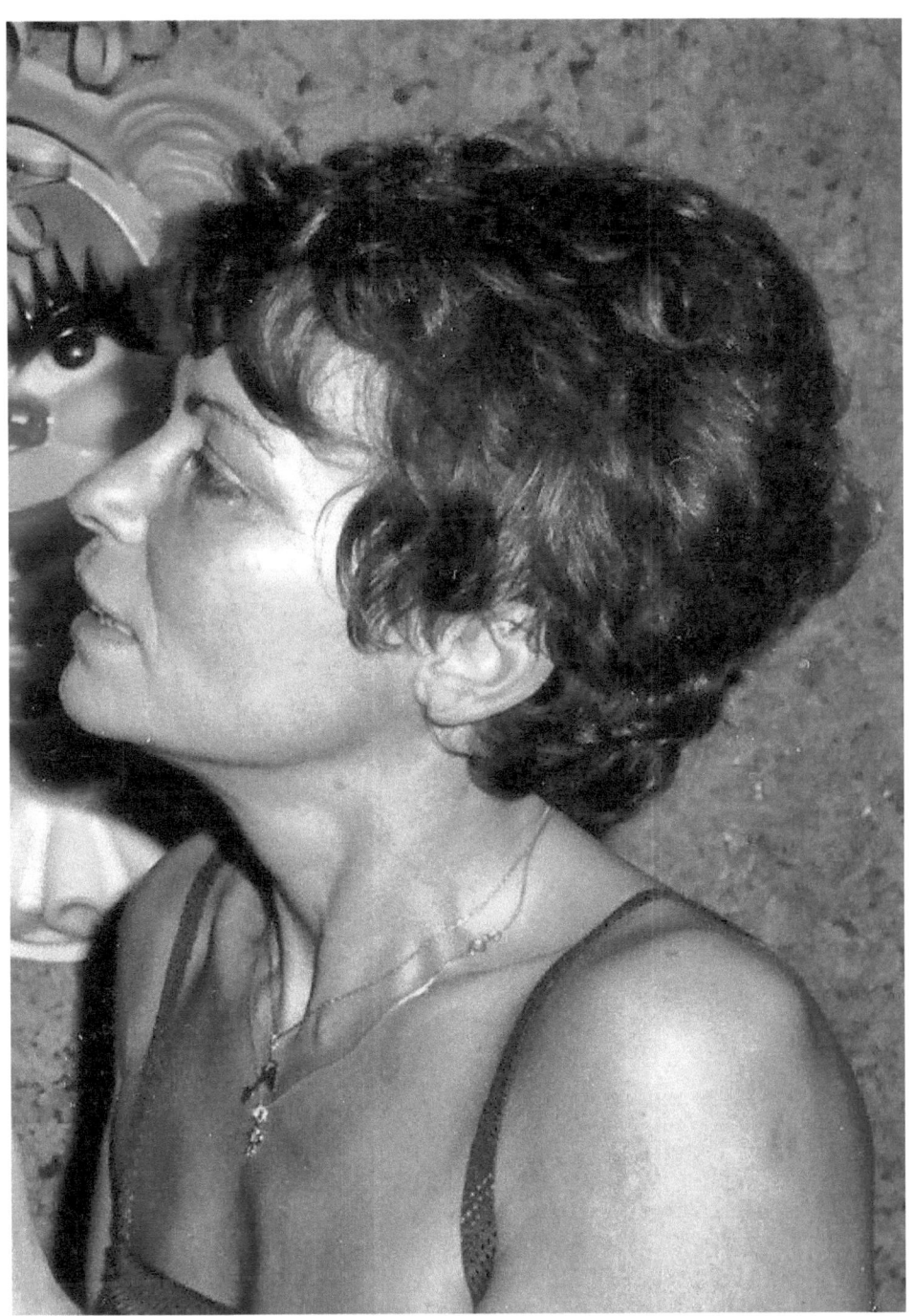

Anna wurde 73 Jahre alt, sie starb am
24.07.2016

Herstellung und Verlag:
BoD - Books on Demand, Norderstedt
ISBN 978-3-7448-1435-5